M. BRICOGNE

AU VRAI;

en la forme et au fond.

———

MOYENS

non sans fondement,

DE RÉDUIRE, DÈS 1819, LES IMPOSITIONS.

OBSERVATIONS

SUR

UN OUVRAGE DE M. BRICOGNE,

AYANT POUR TITRE :

SITUATION DES FINANCES
AU VRAI.

MOYENS

DE PORTER, EN 1819, A QUARANTE MILLIONS
LA RÉDUCTION DES IMPOSITIONS.

Par ARMAND SEGUIN,
Correspondant de l'Académie Royale des Sciences.

Qui trop embrasse, mal étreint.

Aide-toi, Dieu t'aidera.

PARIS,

Chez { DELAUNAY, } { LADVOCAT, } Libraires, au Palais-Royal.

Mai, 1819.

INTRODUCTION.

J'avais eu jusqu'ici de l'estime pour les talens, les intentions et la personne de M. Bricogne.

Cette opinion favorable aurait-elle été l'une des erreurs de ma vie ?

Depuis que j'ai lu son écrit *sur la Situation des Finances au vrai,* ce scrupule me tourmente.

Les propositions de M. Bricogne me semblent d'autant plus dangereuses, que, fondées sur des bases fausses ou inexactes, elles ne peuvent avoir de réalisation.

Elles produiraient donc, sans avantages, le mal presque irréparable de faire naître un faux espoir.

Ses lecteurs, bientôt frustrés dans le résultat de leur illusion, conserveraient cette pensée de doute, si ce n'est de persuasion, que si le bien n'a pas été fait, c'est parce qu'on n'a pas voulu le faire.

De là, la trop probable possibilité d'éloignement, d'abandon, peut-être même d'irritation.

1 *

Je ne puis cependant me persuader que, dans la chaleur de la composition, M. Bricogne ait eu l'intention de voir si loin.

Mais il est au moins présumable qu'il ne pouvait ignorer que toutes les brochures, sans même en excepter les siennes, sont promptement oubliées ; tandis que les impressions défavorables qu'elles peuvent produire sont plus durables, et souvent difficiles à effacer.

Puisque cette pensée n'a pas arrêté M. Bricogne, qu'il ne s'en prenne qu'à lui si, par réciprocité, on cherche à lui faire ce qu'il a tenté de faire aux autres.

C'est la loi du talion.

M. Bricogne, confiant dans sa réputation, a pu penser que ses assertions seraient admises par conviction ou par confiance.

Par conviction : il suffirait d'y voir, bien ou mal, de la même manière que lui.

Par confiance : ne l'entendant pas, ses admirateurs pourraient le croire sur parole.

En général, quand on flatte l'intérêt des hommes, les niaiseries et les futilités se transforment bientôt pour eux en articles de foi.

M. Bricogne ne manque ni d'esprit, ni de perspicacité.

Sur cent personnes qui me liront (aura-t-il pu se dire), une ou deux seulement découvriront les fils et les ressorts de mes résultats, et sur-tout de mes intentions.

Je ne demande dans les 98 autres, qu'assez de confiance dans mes assertions pour, sur ma parole, ne pas douter qu'on puisse, et qu'on doive, en 1819, diminuer de 50 millions les impositions.

Cet espoir ne se réalisera pas.

Dès-lors on se déchaînera.

Mais en même-temps je serai proclamé l'intrépide défenseur des intérêts de la patrie, le seul digne de diriger les finances de l'état.

Serait-ce là le but que M. Bricogne se serait proposé d'atteindre?

Dans ce cas, il serait fâcheux pour lui, que l'éveil des dangers d'un tel projet eût fait rompre le silence à ceux qui les pressentent.

Si ce nouvel ouvrage ne portait pas le nom de M. Bricogne, je serais porté à supposer que l'auteur aurait eu l'arrière-pensée de jeter une pomme de discorde à travers la discussion du projet de budget.

Ses trente-six doutes, que sa rédaction présente comme des démonstrations, contribueraient à confirmer cette idée.

La partialité, l'acrimonie, les contradictions, les inconséquences, les inconvenances, l'injustice, le fiel venimeux, l'ironie et le sarcasme

qui règnent dans cet ouvrage, sont de nature
à échauffer la bile, même des personnes qui,
revenues des vanités de ce monde, n'aspirent
plus qu'au repos.

Je suis de ce nombre, et je ramasse le gant.

Ceux qu'attaque M. Bricogne pourraient, j'en
suis convaincu, trouver de plus habiles défenseurs.

Ils en trouveraient peu de plus zélés, et de
moins susceptibles de crainte et de découragement.

J'ai fait assez souvent preuve que je savais
souffrir plutôt que de faiblir.

Je ne suis, au surplus, le champion de personne.

Français, propriétaire, capitaliste ; mon
intérêt personnel est assez puissant, pour que
mon désir de voir prospérer mon pays n'ait pas
besoin d'être stimulé par aucun autre mobile,
même par mon entier et absolu dévoûment.

Mais autant les attaques fondées me semblent
utiles, même nécessaires, dans notre état de ci-
vilisation ; autant, surtout dans notre position
renaissante de prospérité, les fausses attaques
me paraissent dangereuses, n'eussent-elles que
l'inconvénient de reculer les résultats de l'élan
de notre sécurité et de notre confiance.

Ma détermination pourrait d'ailleurs puiser

sa source dans un des principes admis par
M. Bricogne.

Il dit à la page 8 :

« En finances, les critiques sont sans dangers ;
» on ne doit craindre que le silence, à la faveur
» duquel les projets désastreux s'introduisent
» et sont mis à exécution. »

Une longue expérience m'a appris qu'il est
plus difficile d'exécuter le bien que le mal, et
que l'on rencontre plus d'obstacles lorsqu'on
veut faire du bien aux autres, que lorsqu'on veut
s'en faire à soi-même.

Mais je sais aussi qu'il faut semer pour recueillir.

Trop heureux quand une partie des germes
surmonte l'ivraie !

Je n'ignore pas avec quel art M. Bricogne
manie les armes du sarcasme ; combien ses traits
sont acérés et venimeux.

Mais, semblable à ces vieux guerriers qui sont
courbés sous les batailles, j'ai pour devise,

Temps et ténacité.

Et, d'ailleurs, si je ne me détermine jamais
à l'attaque que quand j'y suis mu par des motifs
puissans, je ne recule jamais à la défense, et
je n'ai pas encore dit à personne :

C'en est assez.

L'intime conviction de la bonté et de la justice

de la cause que je défends, suffiraient, au surplus, pour me soutenir, si aucun soutien m'était nécessaire.

J'aurai plus de générosité que M. Bricogne.

Je ne lui dirai pas ce que, d'après La Fontaine, il a dit à M. Ganilh, dans l'épigraphe de son *errata* :

> « Tandis qu'à tes pieds à peine tu peux voir,
> » Penses-tu lire au-dessus de ta tête ? »

M. Bricogne attaque avec acharnement le ministre actuel des finances.

Ce ministre doit-il s'en glorifier ?

Je le pense.

Si un examen réfléchi de l'ouvrage de M. Bricogne prouve que ses attaques sont fondées, on ne pourra que le louer de s'être dévoué le premier.

Mais si cet examen démontre qu'il a menti et calomnié sciemment, et que ses inculpations ne sont dictées que par vengeance, méchanceté et mauvaise foi, il pourra regretter d'avoir ainsi compromis la réputation dont il avait joui jusqu'ici.

Je désire, toutefois, par réminiscence de ma première illusion, qu'il n'ait pas à se repentir long-temps de s'être trop fié à cette fâcheuse certitude, que,

(9)

Dans notre siècle, on excuse plus facilement la déloyauté que les ridicules et les travers.

M. Bricogne n'a pas, au surplus, toujours tenu sur le compte du ministre actuel le même langage.

Il disait en 1815 :

« Je n'ai pas craint, je ne craindrai jamais de » rappeler les heureux résultats, les riches » espérances de la courte administration d'un » ministre récemment éloigné; de défendre le » système complet de crédit public qu'il avait » proposé et exécuté ; et de présenter à ses » hautes lumières, à sa passion ardente et élevée » du bien public, le tribut d'admiration qui leur » est dû. »

M. Bricogne n'est pas également sévère pour tous les ministres.

Il dit à la page 8 :

« Quant à Colbert, c'est au ministre de l'in-» térieur à marcher sur ses traces ; et déjà le » commerce et l'industrie ont tressailli d'espé-» rances. »

Si le ministre des finances avait accueilli les offres de service de M. Bricogne, ce dernier aurait pu aussi nous parler de Sully.

Mais prenons date de son éloge.

Attendons seulement quatre années, laps de

temps pendant lequel quelques refus pourraient s'y trouver intercalés.

Et nous verrons si, suivant l'usage de M. Bricogne, il n'y aura pas à cette seconde époque quelque tergiversation.

En méditant son plan, M. Bricogne avait sans doute oublié ce qu'il avait dit en parlant des ministres, page 38 de son *errata*.

« En devenant ministre, en cessant de l'être,
» il reste homme, il en conserve les droits ;
» nul n'a l'odieux privilége de le harceler, de
» le flétrir par des assertions hasardées, des dé-
» clamations mensongères, des accusations ca-
» lomnieuses.

» Il faut des preuves pour attaquer un mi-
» nistre, comme pour accuser un citoyen.

» La réputation d'un ministre lui est chère; elle
» est plus précieuse, plus nécessaire à l'Etat
» qu'aucune autre, puisqu'il a rendu, puisqu'il
» peut rendre de plus grands services : par quel
» étrange renversement de tout ordre, de toute
» justice, serait-elle moins protégée, moins
» sacrée que celle du dernier des citoyens?

» Ces principes sont l'égide des ministres de
» tous les temps. »

Quelle bienveillante exception en faveur du ministre de 1819 !

En parlant des controverses que font naître les budgets , M. Bricogne disait :

« Ces censures multipliées peuvent avoir les
» plus fâcheux effets : égarer l'opinion, altérer
» la confiance, nuire au crédit , alarmer sur
» l'emploi des deniers publics, sur la nécessité
» des impôts et des sacrifices demandés, pro-
» voquer le mécontentement , le refus et la
» résistance.

» Elles sont dangereuses, sur-tout, lorsqu'elles
» partent d'hommes qui , à raison ou à tort ,
» ont acquis ou usurpé une certaine réputation
» financière. »

Les personnes impartiales et clairvoyantes peuvent se réserver ce genre d'application, et se demander si ce qui était dangereux en 1818 aurait cessé de l'être en 1819.

« Ils sont trop amis du gouvernement pour
» s'étonner que les ministres et leurs plans
» trouvent des défenseurs. »

Ils en trouveront également en 1819.

Peut-être seulement ceux-ci auront-ils plus de stabilité.

Puis il ajoute :

« Est-ce ma faute , s'ils se sont crus appelés à
» nous donner des avis, à offrir leurs projets
» pour modèles, à présenter leurs plans à l'ad-
» miration publique? »

Quelle similitude !

M. Bricogne aurait-il sans cesse une glace devant les yeux?

« Est-ce ma faute, s'ils se sont attribué l'aus-
» tère et délicate mission de critiquer, de cen-
» surer, d'accuser les ministres de cette année,
» et ceux des années précédentes?

» Enfin, est-ce ma faute, si leur science est
» incomplète, leur mémoire peu fidèle, leur
» vue trouble, et leurs calculs inexacts, si leurs
» erreurs sont fréquentes, graves, immenses,
» et si, parfois, elles prêtent au ridicule? »

Combien les controverses de cet ouvrage pourront lever d'incertitudes relativement à cette application !

En 1818, la conscience du ministre actuel pouvait avoir au moins le scrupule de douter s'il devait se féliciter d'avoir en M. Bricogne un zélé défenseur.

M. Bricogne, après avoir prouvé dans son *er-rata* qu'en 1814 M. le baron Louis avait tenu la conduite qu'il avait dû tenir, espère que, d'a-près ses explications, M. Ganilh cessera d'accu-ser le ministre de 1814 de dissimulation.

Puis il dit :

« A la vue de ce fantôme, sorti de son imagi-
» nation, il s'alarme, il crie au secours, à la mal-
» versation; il déclame, il dénonce, il accuse.

» Les ministres sont des prévaricateurs; la France
» est en péril;..... le peuple est pressuré, op-
» primé.... Dissipons nos inquiétudes ; M. Ga-
» nilh a mal vu, mal lu, mal additionné, mal
» raisonné; et voilà tout le mal.

Et nous aussi, nous pourrons répéter jusqu'à
satiété, en nous adressant à M. Bricogne : ,

Et voilà tout le mal!

Dans ce même ouvrage, après avoir pris chau-
dement la défense de M. le baron Louis, M. Bricogne ajoute :

« Et cependant on a taxé le ministre de 1814
» d'exagération, parce qu'il a mieux aimé dire
» la vérité que flatter les vœux et les préjugés
» populaires, que proclamer ou laisser craindre
» une banqueroute. »

Prenant acte de cet aveu, ne peut-on pas se
dire ?

Que quatre années ont apporté de change-
mens dans les habitudes de cet irréprochable
administrateur !

Aujourd'hui, qu'il aurait refusé les services
de M. Bricogne, ce ne serait plus qu'un menteur,
dont toutes les productions fourmilleraient d'erreurs, d'omissions, de réticences; qui ne saurait qu'enfler les évaluations de dépenses et
atténuer les évaluations de recettes; et tout cela
sans utilité, seulement pour mettre AU LARGE

ses caisses, qu'il ne peut cependant remuer fruc-
tueusement, d'après le propre aveu de M. Bricogne, qu'avec autorisation.

A quelle école aurait-il donc été?

Pas encore à celle de M. Bricogne.

Heureusement pour nous!

L'indulgence de M. Bricogne, je dirais sa bienveillance si sa main dirigeait ma plume, com-
parée à la sévérité implacable qu'il y a presque
immédiatement substituée, ressemble assez à la
conduite de ce sexe inconstant, dont un refus
transforme en sentiment de haîne et de vengeance l'amour le plus chaleureux, vrai ou
intéressé.

Quelles peuvent donc être les causes de ces
nombreuses divergences d'opinions de M. Bricogne sur le ministre actuel, dans ses divers
ouvrages publiés à des époques différentes?

C'est là le problème à résoudre.

Sa solution se trouverait dégagée de toutes
ses difficultés, si, ainsi que l'assurent des personnes qui se disent bien informées, ce ministre
avait refusé les offres de service de M. Bricogne.

Aurait-il bien fait?

Aurait-il mal fait?

Cette double question devrait être précédée
de celle-ci:

Aurait-il eu le pressentiment qu'un amalgame de miel et de venin ne peut, dans aucune situation, être un remède salutaire?

Mais puisque la conscience de M. Bricogne ne lui a pas présenté le véritable mobile de ses diatribes, à quoi pourrait - il servir de le lui rappeler?

On doit donc se borner à l'engager au moins à ne pas oublier, en temps opportun, cette forfanterie du renard de La Fontaine :

Les raisins ne sont pas mûrs.

Le plan d'attaque de M. Bricogne pourrait encore suggérer ces nouvelles questions.

On a rappelé le ministre actuel.

Serait-ce parce qu'il aurait été fidèle à ses principes ?

Serait-ce parce qu'il en aurait changé?

Dans le premier cas, pourquoi M. Bricogne blâme-t-il, en 1819, les mêmes principes dont il faisait l'éloge en 1818?

Dans le second, M. Bricogne aurait-il la vaniteuse présomption de se persuader que sa manière de voir dût prévaloir sur celle du Roi et du gouvernement?

A ce sujet, pourquoi ne ferais-je pas sur M. Bricogne la même réflexion qu'il se permettait sur M. Ganilh ?

« Je dirai tout ce que je pense; si ces accusa-

» tions n'étaient pas le comble du ridicule,
» elles seraient bien coupables. »

Je pourrais ajouter.

Je ne sais de quelle secte est M. Bricogne.

Ce dont je suis certain, c'est qu'en n'accédant
pas à ses désirs, on le rend bilieux, irascible
et haineux.

Il semblerait que pour attaquer les ministres,
il existe un protocole secret, connu seulement
des adeptes, et dans lequel ils puisent leur texte.

A la page 38 de son *errata*, M. Bricogne dit,
en parlant de M. Ganilh :

« Que sont devenues toutes les exagérations
» et les atténuations qu'il reprochait avec tant
» d'assurance et d'amertume? Ces excédans
» de ressources, ces soldes immenses accumu-
» lées dans les coffres, *stériles pour le trésor et*
» *féconds en oppressions pour les peuples ; cette*
» *abondance inconnue dans les temps les plus*
» *prospères, et contraire à l'état de la richesse*
» *publique ?* Hélas ! M. Ganilh seul les a vus ou
» rêvés. »

Changeant le rideau de la scène, ne nous sou-
lagerions-nous pas beaucoup, en substituant le
nom de M. Bricogne à celui de M. Ganilh ?

A la page 6 de son *errata*, M. Bricogne, après
avoir reproché à M. Ganilh ses inculpations contre
les ministres, dit :

« A qui en veut-il ? Est-ce des ministres du
» Roi qu'il veut parler ? Je m'abstiens de carac-
» tériser le genre d'éloquence auquel appar-
» tiennent les grands mots de *joug*, de *tyrannie,*
» de *sueurs du peuple...* etc., etc., que prodigue
» à chaque page sa plume libérale. »

Je m'étonne que M. Bricogne ai négligé de
souligner cette épithète.

« Si de tels reproches, si la plupart de ceux
» qui vont suivre, étaient fondés, ce ne serait
» pas par une brochure qu'il faudrait attaquer
» les ministres : le devoir d'un député, d'un
» député fidèle et courageux, serait de les dé-
» noncer à la tribune, de les mettre en accu-
» sation. »

M. Bricogne n'est encore que magistrat municipal de la ville de Paris.

Mais il serait possible que, sous le manteau
de la menace dont nous allons bientôt parler,
il parvînt un jour à siéger aussi parmi ses députés.

M. Bricogne ajoute :

« Mais s'il se trompait, si ces prétendues mal-
» versations n'étaient que le rêve d'une imagi-
» nation malade, *velut ægri somnia*, ne devrait-
» il pas rougir de sa présomptueuse imprudence,
» de son impardonnable légèreté ? »

2

M. Bricogne, gare au réveil !

Je le redoute pour vous.

M. Bricogne dit, à la page 7 de son *errata*, en s'adressant à M. Ganilh :

« A quoi servent les comptes de finances, si
» ceux-même qui les critiquent oublient de les
» lire, ou négligent de les étudier, ou se dis-
» pensent de les comprendre ? »

On ne pourrait pas demander à M. Bricogne s'il a lu les comptes de 1819.

Mais on pourrait lui demander, sans trop de malice, dans quelle intention il les a lus.

A la page 10 de sa *Situation des Finances* AU VRAI, M. Bricogne dit :

« Si je puis parvenir à prouver que l'on peut
» retrancher cinquante millions aux revenus,
» c'est-à-dire aux impositions de 1819, sans
» compromettre aucune partie du serviee, sans
» laisser en souffrance aucune partie des dé-
» penses ; si la charge accablante des proprié-
» taires est allégée de cette somme, peu m'im-
» portent les haines et les persécutions, je serai
» trop heureux de les avoir encourues. »

Quelle idée M. Bricogne a-t-il donc de ses compatriotes, de ces valeureux et magnanimes Français, dont les malheurs ont fait mieux ap-précier encore l'énergie de leur caractère !

Quoi! Pour récompense d'un service d'une
si haute importance, qui, sans nuire à personne, peut être utile à tous, M. Bricogne serait
exposé à des haines, à des persécutions!

N'est-ce pas se forger des fantômes pour se
rendre intéressant?

Ne ressemble-t-on pas à ces fanfarons imberbes
qui, rentrant après le soleil couché, se percent
leur vêtement de quelques instrumens tran-
chans, pour faire croire qu'ils ont couru de
grands dangers par la poursuite d'assaillans
nombreux?

M. Bricogne ajoute:

« Si j'échoue dans cette pieuse entreprise, je
» ne demande pas qu'on me tienne compte de
» mes intentions. »

A la bonne heure.

Mais ne vous opposez pas au moins à ce qu'on
les apprécie à leur juste valeur.

« Je serai satisfait, si la malveillance ne par-
» vient pas à les envenimer. »

Entendons-nous.

Serait-ce les envenimer, que de ne pas être
de votre avis?

Dans ce cas, le nombre de ceux qui ne se
laissent pas abuser uniquement par des mots et
de faux espoirs, sera encore assez considérable

2*

pour que votre entreprise se trouve entièrement recouverte de ce venin que vous leur supposez.

Quoique nous repoussions les formes de la sévérité de M. Bricogne, nous n'en dirons pas moins :

Pas de grâce pour les fautes graves.

Mais nous ajouterons,

Prenons garde, avant que ces fautes ne soient reconnues, que nos inculpations, sans produire de bien, n'occasionnent un mal irréparable.

Nous sommes, malheureusement, trop enclins à ajouter plutôt foi aux diatribes qu'aux éloges, et à donner de préférence raison à ceux qui, confians dans leur tactique, se disent avec persévérance :

Mentons, calomnions, il en restera toujours quelque chose.

Mais, dans la sévérité de nos jugemens, ayons au moins égard aux embarras et aux contrariétés de ceux qui consacrent exclusivement à l'administration leur temps, leurs goûts et leurs habitudes.

Pour envier une telle position, lorsqu'on ne s'y trouve pas forcé, il faut être bien dévoué, ou n'être pas encore revenu, par une longue expérience, de l'influence vaporeuse de l'amour-propre.

De tels désirs ne rappellent que trop ces ailes

dorées qui, dirigées vers la lumière, s'y préci
pitent, et y perdent leur agilité.

N'éloignons pas sur-tout, par trop de sévérité, les bons administrateurs.

Il n'en existe malheureusement en France
qu'un très-petit nombre capable de diriger nos
finances.

Si Sully revenait parmi nous, il ne pourrait
conserver la haute réputation qu'il méritait, qu'en
changeant son plan de conduite.

Aujourd'hui, en dirigeant les autres, on est
obligé de concilier trop d'intérêts opposés.

« Contenter tout le monde et son père ! »

A dit le bon La Fontaine.

L'administration ne deviendra facile, et ses résultats ne seront immuables, que quand on sera
parvenu à la fusion homogène de tous les ressorts
qui la dirigent ; quand tous les pouvoirs, et ceux
qui doivent y obéir, n'auront qu'un intérêt iden-
tique.

Nous le devons, nous le pouvons, tendons à
cette perfection, et ne soyons pas à cet égard en
arrière d'aucune autre nation de l'Europe.

N'oublions pas sur-tout que, dans toute asso-
ciation, les irritations faibles, mais continuelles,
sont presque toujours les précurseurs des di-
vorces.

M. Bricogne dit, page 14 :

« Le plus habile en finances, comme dans tout
» autre art, est celui qui de faibles moyens tire
» de grands résultats. »

Oui.

Mais celui qui de rien fait quelque chose
est encore bien plus habile.

Tel serait le résultat du plan de M. Bricogne,
s'il ne s'écroulait par ses fondemens avant même
qu'il ne soit élevé jusqu'au faîte.

M. Bricogne semble ne plus aimer les chiffres.

Je le servirai cette fois suivant ses goûts, ou
plutôt suivant ses caprices ; je n'en serai pas
prodigue.

Voici ce que je disais en 1816, en parlant de
la loi du 25 septembre, proposée par le ministre
actuel, et des opinions de M. Bricogne qui se
rapportaient à cette loi.

« On doit raisonnablement supposer que le
» ministre qui l'avait conçue s'était d'abord assuré
» qu'en mettant dans la balance les revenus nets
» de l'objet donné en paiement, sa valeur foncière
» nominale, et les recettes qui proviendraient
» ultérieurement des mutations, il était plus
» avantageux aux intérêts du créancier, et plus
» convenable aux intérêts du gouvernement,
» d'adopter ce mode de libération.

» Le principal reproche qu'on ait fait dans le
» temps à ce plan a été d'avoir poussé peut-être

» trop loin le scrupule d'acquittement. Il aurait
» été, disait-on, également juste, et d'une consé-
» quence moins dangereuse pour le gouverne-
» ment, constitué en état de retard de paie-
» ment, de ne pas excéder ce que la loi aurait
» imposé à tout autre débiteur se trouvant dans
» une semblable situation.

» Mais enfin le gouvernement a cru devoir,
» dans sa sagesse, améliorer le sort des créan-
» ciers dont il se voyait forcé de reculer le droit
» reconnu d'acquittement. Les Chambres ont
» partagé cet avis, et le projet est devenu loi
» de l'État.

» C'était un sacrifice pécuniaire qu'on devait
» oublier. Revenir sur ses pas, pour chercher à
» le diminuer, eût été aggraver le mal, non
» seulement pour le présent, mais encore pour
» l'avenir.

» Aussi le ministre actuel, bien convaincu
» que la fidélité à ses engagemens est l'une des
» éminentes qualités du Roi, s'est-il, dans son
» projet de budget, rattaché à cette loi du 23
» septembre.

» Depuis, des écrivains, dont quelques-uns
» l'avaient prônée, ont cherché, sur le prétexte
» de changement de position, à faire prévaloir
» un mode tout différent.

» Ils voudraient qu'on changeât totalement

» de langage; qu'on revînt sur les engagemens
» contractés, et que des créanciers légitimes
» pussent se dire intérieurement, avec raison :
» Nous avions compté sur la loi, sur sa fixité;
» nous fiant à la générosité avec laquelle on
» nous avait traités, nous avons pris des enga-
» gemens postérieurs basés sur cette perspec-
» tive; aujourd'hui nous éprouvons le double
» malheur d'être lésés dans notre avoir, et
» d'ajouter à cette première perte celles résul-
» tantes de nos engagemens ultérieurs.

» Et c'est sur de semblables résultats qu'on
» croit pouvoir prophétiser un crédit public!
» L'expérience du passé ne devait-elle pas retra-
» cer le triste souvenir que le premier pas de dé-
» loyauté est le seul qui coûte ; qu'après avoir
» dévié du sentier de la délicatesse et de l'hon-
» neur, on se livre trop souvent, sans frein,
» même par exagération, à tous les écarts de
» la mauvaise foi, de l'injustice, de l'arbi-
» traire, de la haine et de la vengeance, et
» qu'on se joue alors impudemment du présent,
» du passé et de l'avenir?»

La divergence d'opinions entre M. Bricogne et
moi, dans la présente controverse, aura nécessairement pour résultat cette alternative indispensable.

L'un de nous est de mauvaise foi, ou l'un de nous est inhabile.

Le Roi, les Chambres et le public, ces juges souverains, prononceront, non directement, mais indirectement, par la direction de la carrière de M. Bricogne.

Quant à la mienne, elle est terminée.

Si le Roi étend sur M. Bricogne sa main vivifiante, la preuve de son utilité ne sera plus contestée.

Si M. Bricogne reste dans l'oubli, il nous sera loisible d'en tirer les conséquences que pourront nous suggérer nos impressions.

Pour arriver à son but, M. Bricogne emploie toutes les ressources de l'art, même les provocations menaçantes.

Relativement à la réclamation faite au nom de la commune de Paris, d'une décharge d'impositions, il dit page 78 :

« Après 28 ans de déni de justice, après deux
» cents millions de paiemens au-delà des impôts
» réellement dus par la ville de Paris, ses dé-
» putés ne doivent négliger aucun moyen d'ob-
» tenir enfin un dégrèvement. Une circonstance
» les favorise : huit voix sont, par le temps ac-
» tuel, d'un tel poids dans une majorité minis-
» térielle, que si les députés de Paris déclarent
» hautement, et tel est leur devoir envers leurs

» commettans, qu'ils ne consentiront au budget
» que s'il accorde *trois millions* de dégrève-
» ment en principal à la ville de Paris, il ne
» peut être douteux que ce dégrèvement sera
» accordé. »

J'appelle l'attention de tout homme impartial
sur ce machiavélique conseil.

Vous êtes dans l'embarras.

Si vous ne faites pas ce que j'exige, je ne vous
aiderai pas pour en sortir.

Il est bien heureux que les députés de chacun
des départemens de la France, encouragés par
l'exemple, ne laissent pas germer en eux une
si maligne pensée.

Si jamais la congrève pouvait gagner de rang
en rang, le mot *néant*, auquel M. Bricogne
attache une si tenace prédilection, pourrait
bien, dans tous les budgets, être raisonnablement substitué au mot *actif.*

A combien de réflexions cette menace, aussi
déplacée qu'arrogante, ne donne-t-elle pas nais-
sance?

Ne dirait-on pas que le salut de l'État dépend de
huit têtes plus ou moins bien organisées!

Si ces huit députés donnent leurs suffrages à
des conditions d'un intérêt particulier, ils manquent à leur devoir, puisqu'ils ne doivent avoir
pour mobiles que des intérêts généraux.

S'ils n'obéissent qu'à l'impulsion de leur conscience, la menace n'est qu'une forfanterie, un
jeu d'enfans, trop fidèle miroir de la faiblesse
de l'assaillant.

Dès-lors il ne sera plus pour tout le monde
qu'une girouette qu'on fait tourner à volonté,
en faisant pencher quelque peu, dans le sens du
vent, le contrepoids qui lui sert de guide.

M. Bricogne dit, à la page 69 :

« Acheter des maisons à Paris est une impru-
» dence, y bâtir est une folie, toujours suivies
» l'une et l'autre par une ruine plus ou moins
» prompte. »

Et c'est un magistrat municipal, un délégué
des intérêts de la ville de Paris, qui lui rend le
service signalé de chercher à éloigner de l'achat
de ses maisons, non-seulement les parisiens,
mais encore les étrangers, dans la convenance
desquels pourraient entrer de telles acquisi-
tions !

Cette conduite ne rappelle-t-elle pas le sur-
veillant de l'Apologue qui, pour chasser une
mouche importune, écrasait la tête de son pa-
tron.

Si les assertions de M. Bricogne pouvaient
avoir des prosélytes, la ville de Paris n'aurait pas
d'ennemi plus dangereux.

Si elles n'en doivent pas avoir, ne serait-ce pas la Montagne qui enfanterait d'une souris ?

M. Bricogne dit, en parlant des réclamations qui ont été faites auprès des ministres, par la ville de Paris, relativement à ses impositions :

« Qu'ils ont été effrayés de la justice de ces » réclamations, et qu'ils ont voulu les étouffer » par des promesses annuelles, par des pro- » messes toujours ajournées. »

Des ministres qui ont été effrayés de la justice d'une réclamation, de la justice d'une réclama- tion de la ville de Paris, qui, dans l'opinion de tous les départemens, a été, dans tous les temps, soignée comme un enfant gâté !

Le plus efficace moyen de s'élever serait-il, maintenant, de déraisonner et de calomnier !

M. Bricogne, en parlant de sa *situation des fi- nances au vrai*, dit à la page 74 :

« Elle est l'ouvrage du roi ; si elle lui eût été » ainsi présentée, sa première pensée eût été » le soulagement de ses enfans, et son cœur eût » tressailli d'allégresse, en ordonnant un dégrè- » vement de cinquante millions sur la contri- » bution foncière. »

Je me prosterne devant les pensées de mon roi bien-aimé, et j'ai le sentiment consolant que sa conviction, dans un objet d'une si haute importance, ne tarderait pas à être fructueuse pour les contribuables.

Attendons donc avec respect sa décision suprême.

Si cette décision, fondée sur les bases de M. Bricogne, légitime son espoir, il méritera des éloges d'intention; sauf les reproches fondés d'avoir manqué à toutes les convenances.

Mais si ce soulagement a d'autres bases, ou si son ajournement force à garder pour l'instant le silence, dans quelle fâcheuse position M. Bricogne n'aura-t-il pas craint de placer notre vénérable Monarque!

En effet, à la page 74, M. Bricogne dit :

« Pourquoi faut-il que, ni la France, ni Paris,
» ne doivent ce dégrèvement de 50 millions
» (suivant lui *irrefusable*) à l'initiative du gou-
» vernement et du ministre des finances?

» Pourquoi l'habitude de pressurer les contri-
» buables, la crainte d'alléger leur fardeau, la
» manie d'accumuler l'argent pour se procurer
» une administration douce et facile, ont-elles
» fait écarter cette proposition toute paternelle,
» et dès-lors toute royale?

» Mais peu importe comment le dégrèvement
» de 50 millions sera advenu. »

Suivant M. Bricogne, se dirait-on, notre situation financière, qui permettrait de nous soulager de 50 millions, est l'ouvrage du Roi.

Qu'importe qu'elle ait pu lui être déguisée, puisque c'est son ouvrage ?

Si donc, en 1819, la réduction n'a pas lieu, il faudra nécessairement :

Ou que le roi ne nous soulage pas de ces 50 millions, uniquement parce qu'il ne le veut pas ;

Ou que M. Bricogne soit dans l'erreur, ou ait cherché à nous y mettre.

Choisissez entre ces deux raisonnemens, M. Bricogne.

Si votre dévoûment est réel, vous ne devez pas hésiter.

Vous devez être fautif, afin que le Roi continue à être béni.

Que la force de la vérité, ou du devoir, vous ramène à résipiscence.

Fiat lux !

Je ne me permettrai plus à ce sujet qu'une seule réflexion.

M. Bricogne, oubliant qu'il a annoncé que *sa situation des finances*, d'où dépendrait la possibilité d'une réduction de 50 millions, est, suivant lui, l'ouvrage du Roi, dit :

« Ah ! sans doute, lorsque le ministre des » finances a déclaré qu'il fallait ajourner toute

» réduction d'impôts , tout le conseil a gémi
» de cette impuissance ; ses regrets se sont ac-
» crus en affligeant , par cette cruelle propo-
» sition, la tendresse du Roi pour ses peuples,
» et en épouvantant les Chambres et la France
» par cette proclamation de détresse. »

Apprécions les conséquences de ce patelin langage.

S'il était vrai que le Roi eût eu le sentiment qu'on pouvait, en 1819, diminuer de 50 millions les contributions , comment avoir l'audace de supposer qu'il se serait borné à écouter les fausses assertions du ministre , sans lui imposer silence, et en ne lui ordonnant pas de faire ce que la situation des finances eût permis de faire , un soulagement de 50 millions pour les contribuables ?

Quelle école , M. Bricogne !

La rupture d'un seul des échelons qui élèvent jusqu'au ministère peut occasionner une chute dont on ne se relève jamais.

TABLE.

Introduction.. *page* 3

Observations sur l'Ouvrage de M. Bricogne........... 33

Bases sur lesquelles M. Bricogne appuie sa prétendue
possibilité de réduction de 50 millions sur les impositions... 90

Moyens d'élever, en 1819, jusqu'à 40 millions, la réduction des impositions. 106

OBSERVATIONS

SUR L'OUVRAGE

DE M. BRICOGNE.

———

Avant de passer à la discussion des réductions de M. Bricogne, qui, par le ridicule de leurs bases, peuvent être assimilées à ce que les alchimistes nommaient *le grand œuvre*, débarrassons-nous de ses contradictions, de ses doutes, de ses traits malins ou méchans, de ses épigrammes, de ses sarcasmes, de ses injures et de ses insultes.

Quelque laconisme que je veuille y mettre, je ne serai sans doute encore que trop prolixe pour la plupart de mes lecteurs.

Voici le tableau que trace M. Bricogne du ministère des finances, pag. 47 :

« On sait assez que l'habitude constante du » ministère des finances est d'affaiblir les éva- » luations, pour pouvoir échapper aux réduc- » tions d'impôts que les Chambres pourraient » avoir le caprice d'exiger, si, dès l'ouverture

3

» de l'exercice, les revenus étaient connus dans
» toute leur étendue. »

Le *caprice !* (en parlant des Chambres.)

Quelle insulte !

« Puis, un an, deux ans après, on vient se
» pavaner de son savoir-faire, en offrant des
» excédans de recette ; mais ils sont absorbés
» par les excédans de dépense, et par les supplé-
» mens de crédit, qui ne peuvent être refusés,
» car ils ne sont que des régularisations de dé-
» penses très-bien faites. Telle est l'histoire des
» exercices et des budgets précédens, dont 1819
» ne serait que la continuation. »

Il ne pourrait donc sortir, suivant M. Bricogne,
rien d'honnête et de louable de l'administration
des finances ?

Toutes ses pensées seraient dictées par la
mauvaise foi.

En nous promettant, elle aurait l'arrière-pensée de nous manquer de parole.

En nous présentant des évaluations de recettes, elle aurait l'arrière-pensée d'attribuer,
l'année suivante, à l'excellence de sa gestion une
amélioration imprévue, même imprévoyable.

En nous présentant des comptes, elle aurait
l'arrière-pensée de nous mettre dans une telle
position, que nous fussions forcés d'en adopter

les résultats de confiance , comme des articles de foi , sans examen possible.

M. Bricogne n'a pas , au surplus, tenu toujours le même langage.

Voici ce qu'il disait en 1818, en adressant la parole à M. Ganilh :

« Comment peut-on supposer que les ministres
» qui se sont succédés, et qui passent , à juste
» titre , pour d'habiles administrateurs des fi-
» nances, n'auraient pas aperçu les inconvéniens
» que M. Ganilh a vus du premier coup-d'œil ? »

Le ministre actuel était l'un de ces habiles administrateurs ; il était ministre en 1814.

Sur quoi donc repose la fausse inculpation de réticences , de déguisemens et de soustractions dans le projet de budget de 1819 ?

Uniquement sur cette synonymie exclusive , fabriquée par M. Bricogne, que le mot *mémoire* est l'équivalent du mot NÉANT.

Glorieux de cette importante innovation, M. Bricogne s'écrie :

« Rayer ainsi d'un trait de plume 125 millions
» appartenant au trésor, c'est une manière fort
» expéditive de régler les comptes, et un peu
» large de finir les affaires : j'ai peine à croire
» qu'elle soit du goût des Chambres. »

M. Bricogne se reporterait-il à ces époques où, dans les écoles, souvent même en d'autres

3*

lieux, on commençait par fouetter jusqu'au sang, sauf à vérifier plus tard si la correction avait été infligée à tort ou à raison ?

Un ministre qui aurait l'audace de faire la combinaison et de tenir la conduite que M. Bricogne impute au ministre des finances, mériterait sans doute une punition nationale, sévère et exemplaire.

Mais où M. Bricogne rencontrerait-il un ministre assez dépourvu de raison pour oublier ainsi les convenances, ses devoirs et ses intérêts ? car il y en a à ne pas s'exposer à une punition qui pour la nation seroit un bienfait.

Quelque répugnance que je puisse éprouver à repousser sérieusement de telles absurdités ; m'y étant déterminé, je dois encore ajouter un mot à ce sujet.

S'il étoit vrai que le ministre eût regardé comme *néant* les valeurs qu'il porte dans ses comptes comme mémoire, ne se serait-il pas joué du Roi, des Chambres et du public, en demandant, ainsi qu'il l'a fait, à être autorisé à les employer comme gage d'un emprunt de 48 millions ?

Aurait-il porté dans son actif une somme d'environ 5 millions pour les intérêts d'une valeur qu'il aurait regardée comme *nulle* ?

Ce serait donc un homme bien extraordinaire , bien original et bien pervers , que le ministre des finances actuel !

Quoi !

Contrairement à la tactique prudente des maîtres de l'art, qui négligent comme des superfluités de faire le mal sans espoir de profit, le ministre qui, d'après M. Bricogne, a les *mains liées* dans l'emploi des millions oisifs qu'il aurait amassés ; le ministre qui, isolément, ne peut rien ; qui ne peut être quelque chose que dans la volonté du Roi et avec le concours des Chambres , aurait l'infernale pensée d'anéantir 125 millions de la fortune publique, uniquement pour charger encore plus les contribuables, véritables souffre-douleurs, dont l'énergie et le courage sont admirables , mais qui, enfin, pourraient perdre patience, s'ils acquéraient la certitude qu'ils ne sont que les jouets d'une méchanceté machiavélique , infructueuse au salut de l'État ?

L'histoire des siècles n'a que trop prouvé que l'excès du mal, après avoir voilé le dévoûment, détruit la raison.

Un ministre qui pourrait, par de tels excès, exposer à une récidive, ne serait pas encore suffisamment puni, en étant placé immédiatement hors de la loi.

Je m'arrête, car je sens que mon indignation

pourrait m'éloigner encore plus de la modération que j'avais projetée.

Qu'il est fâcheux d'avoir à perdre son temps à combattre de tels fantômes !

Mais aussi pourquoi n'avoir pas arrêté, en temps opportun, l'exagération des réputations usurpées, et les progrès de leur influence sur ceux, malheureusement en trop grand nombre, qui sont habitués à ne lire que des yeux ?

Quant à l'accusation de déguisement, elle se trouve renversée par la déclaration de M. Bricogne, que c'est dans le projet imprimé du budget qu'il a aperçu cet actif.

Il n'y avoit donc pas de déguisement, dès-lors qu'il y avoit publication.

Citons le texte des rapports.

Dans celui fait au Roi, le ministre des finances dit, pag. 28 :

« En se reportant aux comptes des anciens » exercices, on voit qu'au 31 décembre 1818 » il restait à payer sur 1815, 1816, 1817 et » 1818.................... 186,528,742 fr.

» Il est nécessaire de pourvoir au paiement » de cette dette. Le tableau que je mets sous les » yeux de Votre Majesté indique les ressources » qui peuvent y être appliquées, et qui se com- » posent d'abord des fonds existans, au 31 dé-

» cembre dernier, dans les mains des préposés
» des finances............ ci. 83,462,552 fr.

  » Il faut ajouter ,

  » Produits de rentes et recon-
» naissances achetées et reven-
» dues en liquidation de dé-
» cembre................. 8,612,552

  » A recouvrer sur 1818..... 35,352,600
»Recouvrem. probables à faire
» en 1819, sur les 40,761,000 fr.
» d'avances faites par le Trésor
» antérieurement au premier
» janvier 1819............. 10,000,000
                          ──────────────
          » Total...... 137,428,784 fr.

  » La dette des anciens exer-
» cices est de............... 186,328,742
                          ──────────────

  » Il faudrait donc, pour la cou-
» vrir, un supplément de..... 48,900,058 fr.
                          ══════════════

  « Dans cet état de choses, quel est le parti le
» plus convenable à prendre, ou d'ajouter ces
» 49 millions, et nécessairement avec perte
» pour le trésor, à la masse des rentes dont
» la place est surchargée, en vendant celles dont
» le trésor est dépositaire ; ou de s'en servir

» comme garantie pour une circulation d'effets,
» dont l'émission se renfermerait dans la valeur
» même du gage? Trop de motifs se réunissent
» en faveur de ce dernier parti, pour que j'hé-
» site à le préférer ; et c'est dans la confiance
» qu'il aura aussi l'approbation de Votre Majesté
» et l'assentiment des Chambres, que j'ai com-
» pris dans le budget des dépenses les intérêts
» de ce passif flottant. »

Quelle franchise !

Pour ma part, je dirais quelle sagesse dans cet
exposé !

Dans son rapport aux Chambres, le ministre
dit :

« Les situations des quatre exercices anté-
» rieurs à 1819 vous ont appris qu'ils nous
» laissaient à payer 186,328,000 fr.

» Ces mêmes exercices nous offrent, pour
» balancer ce passif, un actif de 209,700,000 fr. ;
» savoir :

» Tant en rentes à recouvrer qu'en fonds de
» caisse et de porte-feuille.... 137,500,000 fr.
» Capital de 5,120,000 fr. de
» rentes, d'actions de la banque
» et d'actions des salines...... 72,200,000

Total......... 209,700,000 fr.

» Il y aurait de l'inconvénient à négocier les
» valeurs qui représentent les 72 millions de
» capital, il serait préférable de les garder.

» Mais alors, n'ayant plus que 137,500,000 fr.
» de disponibles, pour faire face à une dette
» de 186,300,000 fr., il manquera 48,800,000 fr.
» Il est possible de trouver cette somme dans
» les mouvemens des opérations générales du
» service. Néanmoins, pour être plus sûrement
» en mesure, nous vous prions de nous autoriser
» à émettre jusqu'à concurrence de 48 millions
» de bons, lesquels auront pour garantie les
» 5,180,000 fr. qu'ils nous dispenseront de né-
» gocier intempestivement. »

Intempestivement !

Si donc le ministre ne propose pas de vendre,
ce n'est pas qu'en thèse générale il s'oppose à
la vente.

Il croit et il dit seulement que le temps ne lui
semble pas opportun pour cette vente.

Si l'on pouvait recueillir les voix de tous ceux
qui auraient intérêt au choix de cette disposition,
le ministre, je n'en doute pas, réunirait en sa
faveur la très-grande majorité.

Le ministre ajoute :

« L'émission pour laquelle nous demandons
» votre approbation est la première de ce genre
» qui ait été soumise à cette formalité ; ce sont

» des Ordonnances du Roi qui, jusqu'ici, ont
» autorisé les émissions.

» Il nous a paru plus constitutionnel qu'elles
» fussent explicitement consacrées et limitées
» par la loi des finances. »

Limitées !

Qu'on s'ingénie à atténuer les éloges que mériterait une telle proposition.

Le ministre ne s'y opposera sans doute pas
plus que moi.

Sa conscience la lui dictoit.

Il n'a fait en cela que son devoir.

Il y est tellement habitué, qu'on peut regarder
comme superflu de lui en savoir gré.

Ce qu'il y a de certain, c'est que si le mot
réticence ne devait s'appliquer qu'à des commu-
nications aussi franches, il faudrait le rayer du
dictionnaire.

Et c'est en lisant de telles déclarations que
M. Bricogne dit , pag. 52 :

« Après avoir pressé de toutes parts le mi-
» nistre des finances , pour lui arracher l'aveu
» de son opulence cachée..... »

L'adresse ne serait pas la qualité prédominante
du ministre.

C'est une singulière manière de cacher son
opulence , que d'en livrer à l'impression les
moindres détails.

Que faut-il donc pour satisfaire M. Bricogne?

Son avidité serait-elle insatiable ?

Aurait-il pris pour devise ,

Il faut l'exiger !

Ne ferait-il aucun cas de ce qui ne proviendrait pas de son exigence?

Il ne voulait qu'une réduction de 50 millions sur les 187 qu'il prétend exister dans les caisses.

Le ministre propose au Roi et aux Chambres de porter cette réduction à 157 millions.

M. Bricogne n'est pas encore satisfait !

Il l'eût été, sans doute, en contresignant la décision.

M. Bricogne , *exercé* dans l'art de présenter ses sarcasmes sous toutes leurs faces, ajoute :

« Si quelqu'habile confrère daignait prendre
» pitié de mes irrésolutions, et se charger de
» mon instruction, pour faciliter son travail , et
» dans la crainte qu'il ne s'égarât dans des vétilles,
» ou ne choisît à dessein les moins importantes,
» je me permettrais de lui indiquer cinq ou six
» articles dont il ferait bien de s'occuper d'abord
» et de préférence. »

L'un de ces articles est ainsi conçu :

« Faire adroitement disparaître dans les *pour*
» *mémoire*, les Si ;.... les Mais ;.... les Car ;..... les

» 187 millions en caisse, en numéraire et valeurs
» disponibles. »

J'ai copié fidèlement tous les points intermé-
diaires à l'élégante locution des *si*, des *mais*,
des *car*; je n'en ai ni supprimé ni ajouté aucun.

« Que de conséquences découlent d'une telle
» situation du trésor royal ! que de réflexions
» fait naître, que de difficultés peut résoudre
» une somme de *187 millions disponibles!* à com-
» bien de questions elle peut donner lieu ! que
» de maux a fait une telle accumulation ! que
» de biens on peut répandre ! que de soulage-
» mens on peut accorder, en diminuant cette
» thésaurisation sans objet ! »

Ici les points d'admiration sont en grand
nombre.

On peut en être prodigue; ils augmentent peu
les débours.

Si l'accumulation dans les caisses est un mal,
le ministre ne peut en être responsable, car elle
existait à son arrivée.

Néanmoins, pour ne pas perdre l'habitude
de taquiner, M. Bricogne dit :

« Il ne peut se plaindre cette fois que les
» caisses lui aient été livrées vides ; il ne doit
» pas tant s'évertuer pour les remplir encore. »

Puis il ajoute :

« Les orfèvres lavent leurs cendres pour en
» retirer les parcelles d'or et d'argent : procé-
» dons au lavage de ces balayures du trésor. »

Balayures du trésor !

Elles ne se composent que d'une *modique*
somme de 137 millions.

M. Bricogne se lassera-t-il enfin de nous traiter
comme des enfans, ou plutôt comme des *stu-*
pides ?

M. Bricogne, en parlant de l'accroissement de
recette de 50 millions qu'il assure devoir exister
dans les évaluations présentées par le ministre,
dit:

« Si je n'étais pas très-timoré, j'affirmerais
» qu'il est impossible au ministre des finances de
» ne pas recouvrer ces cinquante millions. Tout
» ce qu'il a pu faire en faveur des contribuables,
» a été de ne pas porter cette somme au budget.
» Mais là doit s'arrêter son succès. On peut le
» défier d'empêcher ces 50 millions d'entrer au
» trésor. »

« Tout ce qu'il a pu faire en faveur des con-
» tribuables..... »

C'en est bien assez.

Quelle faveur !

Il faudrait que les contribuables fussent bien

fantasques , et plus *exigeans* encore que M. Bricogne , pour ne pas apprécier tout le prix d'une
telle faveur.

« Là doit s'arrêter son succès. »

Quel noble et digne succès pour le ministre !

Mentir à sa conscience , et s'exposer un an après
au reproche mérité d'avoir trompé sciemment le
Roi, les chambres et le public.

La dernière de ces injures acquiert encore
plus de gravité par cette ironique observation :

« Et telle n'est pas son intention. »

Si ce n'est pas son intention , pourquoi lui
porter le défi

« D'empêcher ces cinquante millions d'entrer
» au trésor ? »

Serait-ce pour qu'on dît :

Puisque , par fausseté ou par modestie , le
ministre déclare ne pas pouvoir se flatter d'un
tel accroissement de recette, ne serait-il pas prudent et urgent de le remplacer par M. Bricogne,
qui, par suite de ses talens et de son intime conviction , réaliserait indubitablement cet espoir?

Sans doute on serait promptement détrompé.

Et c'est cette crainte qui , certainement , em-
pêchera d'en courir la chance.

M. Bricogne dit, pag. 11 , en parlant des budgets en général :

« Presque toujours on n'y découvre que les

» profits des inventeurs , la commodité des admi-
» nistrateurs , ou de vaines théories. »

Et cependant on lit dans un autre endroit :

« J'ai été élevé dans le respect des budgets. »

En parlant de celui de 1819, il dit :

« Quel est son unique but ?

» L'*augmentation* de l'aisance du trésor et de
» la *surabondance* des caisses.

« Dans le discours et le rapport , tout est pro-
» messes et espérances , excepté les chiffres.

» Les phrases annoncent des augmentations ,
» et les chiffres des diminutions.

» Il promet quelque soulagement pour l'année
» prochaine..... ou pour l'une des années qui
» suivront...... »

Cette locution ironique semble être favorisée
de la prédilection de M. Bricogne.

Déjà il avait dit, en parlant de la suppression,
désirable, ~~de la réduction~~ des retenues *de traitemens* ,

Que les fonctionnaires et employés devraient
des remercîmens

« Au ministre des finances qui , sans doute,
» leur ménageait cette surprise pour la fin de
» 1819 ou 1821, ou pour 1825.... »

Ne serait-ce encore là que du sarcasme?

Dans un autre endroit, en parlant de la promesse du ministre, relative aux réductions d'impositions , M. Bricogne dit:

« Cette promesse, déjà plusieurs fois renou-
» velée, et toujours différée, semble, cette fois,
» n'avoir pu trouver croyance. »

Puis il ajoute qu'après la lecture faite à la
Chambre des Députés par le ministre des
finances, du projet de budget de 1819,

« De sourds gémissemens et des soupirs
» étouffés se prolongèrent jusque derrière le
» banc des ministres.

» Quel éloquent avertissement que cette sur-
» prise et cette improbation universelles, qui se
» sont répétées hors des Chambres ! »

Hors des Chambres !

Cette généralité ne devrait-elle pas être restreinte aux coteries de M. Bricogne ?

Quant aux Chambres, ne serait-il pas possible
de dire à M. Bricogne ce qu'il disait à M. Ganilh ?

« Hélas ! M. Bricogne seul les a vus ou rêvés. »

M. Bricogne dit encore, relativement au budget de 1819 :

« Les paroles ne se portent pas en recette
» au budget, en sorte que si le lecteur satisfait
» oublie de calculer et de comparer, il ne
» s'aperçoit pas de la petite réduction de 26
» millions. »

Ne devrait-on pas penser, d'après le texte de
M. Bricogne, que cette réduction de 26 millions
porte sur un objet matériellement existant ?

Qu'on revienne de cette erreur ; il n'en est pas ainsi.

Le ministre, d'après toutes les données qu'il a rassemblées, pense qu'en 1819 les revenus indirects seront inférieurs de 26 millions aux revenus indirects perçus en 1818.

Puisque c'est son opinion, il devait le dire avec franchise.

Mais, quel qu'en soit le résultat, cette diminution ne changera pas de nature.

Ce ne sera qu'une réduction comparative sur une rentrée éventuelle.

Ainsi, c'est donc méchamment que M. Bricogne voudrait faire supposer dans le ministre le tort de faire sciemment, et avec des intentions perfides, une réduction de 26 millions sur un actif d'une réalisation assurée.

On doit, au surplus, penser que M. Bricogne n'a pas une plus haute idée de l'adresse des rédacteurs du projet de Budget de 1819, qu'il n'en a de leur moralité.

Ils eussent été, en effet, bien maladroits de compromettre ainsi leur ouvrage, en se faisant l'illusion de croire que ceux qui en prendraient lecture (et dans ce nombre doivent être d'abord rangés les membres, aussi zélés qu'instruits et clairvoyans, qui composent les deux Chambres),

4

ne s'apercevraient pas qu'il existe *une contra-
diction matérielle entre les phrases et les chiffres.*

Heureusement, un tel délire se rencontre
rarement.

Si je n'avais été subitement réveillé de mon
assoupissement par la lecture de l'ouvrage de
M. Bricogne, je me serais même bercé dans
l'espoir qu'il n'existait plus.

Cette triste vérité, que *les mauvaises intentions ne sont que trop souvent accompagnées
d'une capacité suffisante pour les mettre à exécution,* devra-t-elle aussi trouver ici son application!

En parlant encore de cette prétendue réduction de 26 millions, M. Bricogne ajoute :

« Quoi! me suis-je dit, Son Excellence pré-
» voit-elle en 1819 quelque malheur politi-
» que, quelque fléau du ciel; ou bien se croit-
» elle moins habile que ses prédécesseurs?
» Son Excellence a tort dans les deux cas.
» En essayant de le lui prouver, je ne puis lui
» déplaire; je jouerai presque le rôle de flatteur.»
Quel flatteur !
C'est l'homme à deux visages, au moins.

On pourrait conclure que flatter le ministre
serait un moyen sûr de lui plaire.

Celui qui flatterait M. Bricogne trouverait-
il donc le chemin de son cœur ?

Le ministre, dites-vous, est encore plus habile qu'il ne le pense.

Combien, avec la bonne opinion que vous lui supposez de ses talens, et sur-tout avec le désir ardent qu'il a de voir prospérer son pays, ne vous devrait-il pas de reconnaissance si vous pouviez parvenir à le lui persuader ?

Comment pourrait-il se faire cette illusion, lorsqu'immédiatement vous lui dites :

« Mais, peut-être que le budget propose de » diminuer le tarif des impôts dont il atténue » les évaluations ?

» L'article 52 du projet de loi ôte toute es- » pérance, et force de renoncer à cette expli- » cation. Il contient la très-complète nomen- » clature de tous les impôts indirects, et en » maintient les tarifs. Les vagues promesses » jetées dans les discours et les rapports sont » pour un avenir indéterminé. »

Déjà M. Bricogne avait dit, page 5 :

« Il faut rendre au budget (de 1819) la justice » de déclarer qu'il ne contient aucun impôt nou- » veau : il pousse la modération jusqu'à main- » tenir seulement tous les impôts, retenues et » centimes additionnels, successivement accu- » mulés dans les temps d'anarchie, de despotis- » me, d'exactions, de malheurs et de misère, » que nous avons parcourus depuis trente ans. »

4*

Il est donc vrai que le mot modération, dans son application au budget de 1819, n'est qu'une ironie !

Enfin M. Bricogne ajoute :

« En creusant le budget de 1819, on y re-
» trouve tous les surhaussemens d'impôts, ajou-
» tés les uns aux autres pour subvenir aux
» folles et désastreuses entreprises du génie du
» mal, qui trop long-temps présida aux destinées
» de la France. »

Une attaque si virulente suggère cette réflexion :

Si le ministre pouvait être fautif d'avoir pour 1819 maintenu tous les impôts existans en 1818, les Chambres devraient l'être de même d'avoir en 1818 décrété ces mêmes impôts.

Mais en dernier résultat, à quoi bon toutes ces récriminations sur le passé ?

Ne voyons plus que l'avenir, il a assez d'éten-due pour embrasser notre orbite.

M. Bricogne aurait-il déjà oublié ce qu'il disait en 1818 à M. Ganilh ?

« 1814 et l'arriéré sont déjà loin de nous. Il
» faut être bien rancunier pour renouveler ces
» vieilles querelles sur le montant des créan-
» ciers. Le mieux pour le crédit serait de se
» taire enfin. »

M. Bricogne aurait pu ajouter, s'il avait pres-
senti ce qu'il devait écrire en 1819 :

Faites ce que je dis, mais ne faites pas ce
que je fais.

Ne serait-il pas aussi quelque peu rancunier,
même quelque peu vindicatif ?

Besace ! faudra-t-il vous rencontrer à chaque
pas ?

L'alinéa que nous venons de citer n'est qu'une
méchanceté mal combinée.

Celui qui suit est une fausseté.

« Tous les impôts anciens et nouveaux sont
» maintenus, et le budget déclare qu'ils ne lui
» suffiront pas !

« Il annonce, au-delà de toutes les ressources
» de 1819, un déficit de 48,900,000 fr. ! »

Ces points d'exclamation n'ont pas été mis
sans intention.

Qui ne croirait, en lisant cet énoncé, que les
dépenses à faire en 1819, pour le service de cet
exercice, dépassent de 48,900,000 francs les
rentrées de toutes les charges imposées en 1819
pour ce service ?

M. Bricogne a eu l'intention qu'on le crût, et
c'est pour cela qu'il a tourné dans ce sens sa rédaction.

Mais le contraire résulte littéralement du texte
du projet de budget de 1819.

Les 48,900,000 francs que le ministre demande à emprunter ne sont pas nécessaires à la balance du projet de budget de 1819.

Il n'existe dans cette balance aucun vide; les recettes et les impositions décrétées pour 1818 suffisent à toutes les dépenses, sans exception, de l'exercice 1819.

Ces 48,900,000 francs, enfin, sont uniquement destinés à couvrir le déficit qu'annonce le ministre pour les exercices antérieurs à 1819.

Ce n'est donc pas sans intention, et, par suite, sans mauvaise foi, que M. Bricogne confond les résultats de tous les bubgets; distinction formellement commandée par la raison, lorsqu'elle ne le serait pas impérieusement par la loi.

M. Bricogne prétend que ce déficit de 48 millions sur les exercices antérieurs à 1819 est imaginaire, et que le ministre ne l'a présenté que pour surcharger l'actif de ses caisses.

Aujourd'hui, M. Bricogne, en citant l'opinion de la commission centrale, et en se pavanant, avec raison, de telles autorités, pourra dire : Vous voyez que je n'avais pas tort; la commission centrale pense comme moi.

Certes, si cela était littéralement ainsi, on pourrait concevoir des doutes, au moins jusqu'au moment où le ministre aurait, après avoir été entendu, démontré la régularité et la légalité de ses résultats.

Mais il s'en faut de beaucoup qu'on puisse tirer du rapport de la commission centrale des conséquences aussi absolues et aussi défavorables.

En effet, la majeure partie des différences entre les résultats présentés par le ministre et ceux présentés par la commission centrale dépend de leur manière différente de disposer.

Le ministre demande l'autorisation d'employer partie des valeurs qu'il a en caisse comme gage d'un emprunt de 48 millions.

Au lieu de les employer comme gage, la commission veut qu'on les vende.

La commission augmente, en conséquence, de 33 millions le crédit présenté par le ministre, et diminue d'autant le déficit qu'il annonce.

Ainsi cette première différence, qui fait près des sept dixièmes de la différence totale, ne provient, ni d'omissions, ni d'erreurs de chiffres ; elle n'est que le résultat de la différence de voir sur cette question :

Vendra-t-on immédiatement les valeurs disponibles?

Ou, en attendant le moment opportun pour les vendre convenablement et sans inconvénient, les emploiera-t-on comme gage d'un nouvel emprunt?

Cette divergence d'opinions entre le ministre et la commission centrale ne dépasse pas les limites de leurs pouvoirs.

Quel qu'en soit le résultat, il n'en sera pas moins constant que ce déficit de 33 millions, annoncé par le ministre, est réel, puisqu'il n'existe de différence d'opinion entre le ministre et la commission, que dans le mode de son paiement.

Je ne ferai plus à ce sujet qu'une seule observation.

Les évaluations de la commission centrale diffèrent de celles du ministre d'environ six millions.

Mais en même-temps l'évaluation faite par la commission des valeurs qu'elle voudrait qu'on vendît, excède d'environ 10 millions l'encaissement possible de ces valeurs.

Il y aurait donc à-peu-près balance entre les résultats numériques.

En définitive, qu'en conclure?

Que tous les hommes, sans exception, peuvent, même avec des intentions pures, faire des fautes d'applications de calcul.

Il n'en resterait pas moins constant :

1°. Que la commission centrale est composée

de députés qui ont du mérite et des talens, et dont les intentions sont droites et pures ;

2°. Que le ministre, ainsi que la plupart de ceux qui composent son administration, ont de grandes et belles conceptions, et le désir ardent de faire le bien, de servir utilement le Roi, et de concourir efficacement à la prospérité de leur pays.

Qu'espérerait-on au-delà ?

De telles qualités ne couvriraient-elles pas de légères imperfections ?

Qui pourrait se flatter d'en être exempt ?

Des discussions franches et modérées leveront toutes les incertitudes.

Avant qu'elles n'aient lieu, il serait aussi déraisonnable que dangereux de s'effrayer et surtout de s'irriter.

Les passions des hommes n'ont malheureusement que trop peu de frein, lorsqu'on ne neutralise pas en temps opportun le ferment qui les engendre.

Expliquons-nous, nous nous battrons ensuite s'il y a lieu. Cette marche est la mieux entendue, comme elle est la plus salutaire.

Ce n'est pas quand il reste encore dans l'édifice quelques étincelles qui pourraient régénérer le foyer, qu'il peut être prudent d'écarter quoi que ce soit de ce qui peut le plus promptement atteindre le but désiré.

Si M. Bricogne n'avait pas tant d'antipathie pour M. Ganilh, je lui citerais ce qu'a imprimé ce député, relativement à quelques principes de la commission centrale, qu'il désapprouve.

« Elle (la commission centrale) veut forcer » les comptes de la trésorerie en recette, les » réduire en dépense, et renvoyer aux comptes » subséquens le réglement des articles qui ne » sont pas justifiés dans les comptes actuels.

« Mais forcer les comptes du trésor en recette, » et les réduire en dépense, c'est les débattre, » les redresser, les juger ; c'est faire un acte de » gestion, c'est administrer, c'est usurper le » pouvoir exécutif, ou, en d'autres termes, » c'est soumettre ses actes à l'autorité du pou- » voir législatif : c'est, par conséquent, atten- » ter à la charte, à la séparation des pouvoirs » qu'elle a établis, à leur indépendance mu- » tuelle si nécessaire au maintien de l'ordre » public.

» Ce n'est pas vous, messieurs, qui donne- » rez un exemple aussi dangereux. Vous ne » voulez d'autres pouvoirs que ceux qui vous » sont attribués par la charte, et j'ose dire qu'ils » sont assez étendus pour que vous n'en désiriez » pas l'extension. S'ils ne vous autorisent pas à

» débattre et à régler le matériel des comptes
» du trésor, ils vous donnent le droit de les sur-
» veiller, de les constater, et d'en juger la mo-
» ralité. Or, messieurs, c'est bien assez pour
» l'intérêt public que vous examiniez si, dans
» les comptes du trésor, il n'y a pas d'omissions
» dans les recettes, si les dépenses sont légales,
» si la gestion a été faite avec ménagement pour
» les contribuables, avec exactitude pour les
» créanciers et les serviteurs de l'Etat, avec
» économie pour la fortune publique; aller au-
» delà, vous immiscer dans le réglement maté-
» riel des comptes, ce serait outrepasser vos
» pouvoirs; ce serait vous donner des attribu-
» tions qui ne vous appartiennent pas, que vous
» ne pourriez remplir, ou que vous rempliriez
» mal.

» Vous n'hésiterez donc pas à rejeter les pro-
» positions de votre commission. »

M. Bricogne, après avoir fait quelques observations sur ceux qui se livrent aux travaux et aux
calculs de l'administration des finances, ajoute :

« Quels souvenirs, quelles traces laissera-t-il,
» s'il a mis tous ses soins à arracher de l'argent
» aux peuples, pour l'entasser en amas stériles,
» ou pour le hasarder dans les jeux périlleux de
» la bourse ! »

En supposant le reproche fondé, ce ne serait

pas au moins au ministre de 1819 qu'on pourrait l'adresser.

Dans un autre endroit M. Bricogne avait dit en parlant de ce ministre,

Ne pourrait-on pas lui demander, comme à l'avare d'Horace,

« Quel plaisir il prend à considérer des sacs
» entassés, et s'il en veut faire des reliques ? »
Quelle profondeur de recherches !

Mais, oubliant bientôt l'inculpation de hasarder dans les jeux périlleux de la bourse les amas stériles des caisses, il dit :

« Nous ne sommes plus sous la législation de
» 1814 qui, avec un entier abandon, avait mis
» à la disposition du ministre tous les fonds af-
» fectés au rachat des effets publics ; qui lui avait
» laissé toute liberté de racheter comme et quand
» il jugerait convenable : aucune somme ne peut
» plus être employée par le ministre, en achats
» sur la place, même momentanés et transi-
» toires. La marche constante de l'amortissement
» est réglée par la loi et surveillée par les Cham-
» bres, il ne peut y être rien ajouté ni retranché.
» Le ministre a les mains liées, et quel que soit
» le nombre de *millions* oisifs qu'il ait amassés,
» il ne peut légalement en faire aucun usage. »

Pourquoi donc le ministre pourrait-il désirer accroître encore les amas stériles de ses caisses ?

Pourquoi ?

Ecoutons M. Bricogne.

« Il paraît clair que Son Excellence veut se
» ménager la jouissance de nous causer, *l'année*
» *prochaine,* une agréable surprise, en nous
» annonçant que, grâce à ses soins, nous avons
» payé 4o à 5o millions de plus que les Cham-
» bres n'avaient voté, et de plus qu'il n'étoit
» nécessaire. Mais, par forme de compensa-
» tion (remarquez ce doucereux palliatif), Son
» Excellence ajoutera : que nous n'avons pas à
» nous occuper de cet argent, attendu que l'on
» a eu grand soin de le dépenser. »

Quels soins !

Qu'ils seraient dignes de notre reconnaissance !

Quelle surprise agréable !

Avoir à payer 5o millions de plus qu'on ne
comptait !

Et ce serait aux soins du ministre que nous
devrions cette bienveillante faveur !

Et il pourrait se glorifier de cette iniquité !

Est-il une ironie plus plate et plus insultante !

Mais si aucun ministre pouvait être soupçonné
de telles pensées, ne resterait-il pas isolé sur
son banc comme une masse pestiférée dont des
députés intègres et irréprochables craindraient
d'approcher ?

L'honneur national doit au moins le faire supposer.

Et quel ministre M. Bricogne accuse-t-il d'accumuler, infructueusement pour tous, des sommes énormes dans ses caisses?

Le ministre qui, par excès de zèle, pour soulager le passif du budget de 1819, n'a pas craint, ce que, probablement, peu d'autres auraient osé prendre sur eux, de se mettre assez à découvert pour fonder sur sa loyauté bien reconnue la garantie d'une partie des engagemens qui restent dans la circulation.

Qu'en conclure?

Que la passion de la vengeance a tellement brouillé les combinaisons de M. Bricogne, qu'il se trouve réduit à jouer le tout pour le tout.

A la page 7 M. Bricogne dit :

« J'eus besoin de me rappeler qu'il est des » professeurs qui prétendent qu'en matière de » crédit public le plus sûr moyen d'inspirer la » confiance est d'effrayer par l'énormité des » besoins et l'exiguité des ressources.

» Semblables à ces médecins qui débutent » par faire administrer les malades, les financiers alarmistes ne montrent que les dettes et » les besoins; quant aux ressources, ils les » atténuent, ou les portent pour *mémoire.* » (ou pour néant.)

Et pour qu'il ne puisse rester aucune incertitude sur l'application de ces griefs, M. Bricogne
ajoute :

« Cette méthode est connue, elle date déjà de
» quelques années. »

Pourquoi n'avoir pas dit de 1814?

« Mais le temps des succès est passé. »

Attendons encore quelques mois, et nous
verrons si M. Bricogne est aussi bon prophète
qu'il est ardent provocateur et calomniateur.

« Elle ne peut plus réussir après quatre années
» de discussion financière ; »

Ce qui nous reporte bien à 1814.

« Après trois budgets publiquement dé-
» battus. »

M. Bricogne termine cet alinéa par ce coup
de massue :

« Faute de pouvoir faire mieux, il faut se ré-
» signer à être vrai. »

Le ministre pourrait répondre, sans trop de
rancune :

J'en suis si persuadé que je me garderai bien
de suivre vos conseils.

Il faut être vrai !

M. Bricogne, ne l'oubliez donc plus.

Aujourd'hui, la vue des gens sensés n'est plus
trouble ; ils y voient, ils y voient bien ; ils lisent
sur les figures, même au fond des consciences.

Cette innovation; ou cette régénération, né serait-elle pas de votre goût ?

Ne déjouera-t-elle pas vos espérances?

Il faut être vrai !

Que cette épigraphe soit maintenant celle de tous vos ouvrages.

Mais sur-tout qu'elle ne fasse pas disparate avec cette louable sentence :

Il faut être vrai!

Suivant M. Bricogne, le ministre serait un menteur.

Un menteur !

Qui, définitivement, méritera légitimement cette qualification ?

Pour ne rien préjuger, continuons notre discussion,

Et attendons avec respect les décisions suprêmes.

M. Bricogne dit, dans ses conclusions, page 51, qu'il a démontré,

« Qu'à aucune époque l'administration des
» finances, restreinte, rabaissée, rapetissée au
» recouvrement des impôts, au mouvement des
» fonds, aux jeux de caisses, aux spéculations
» de la bourse, ne fut plus facile, et ne dut
» être moins coûteuse. »

Vous voyez donc bien, M. Bricogne, qu'on fait preuve de sagacité en ne sacrifiant pas vos rares talens à une besogne à peine digne de la convoitise d'un simple commis ?

M. Bricogne ajoute :

« On ne demandera plus, à l'avenir, aux mi-
» nistres des finances , que de la franchise et
» quelque pitié pour les contribuables.

» On ne leur permettra que cette habileté,
» qui saurait hâter le soulagement des proprié-
» taires. »

Quelle dérision !

Ainsi, parce qu'un homme aura le désir sincère de faire le bien, il réussira indubitablement
dans l'exécution.

S'il en était ainsi, pourquoi distinguerait-on
un si petit nombre d'hommes capables de diriger nos finances ?

M. Bricogne va nous l'apprendre.

« L'étude et l'expérience ne suffisent pas pour
» donner cette précieuse habileté : elle a sa pre-
» mière source dans le cœur ; c'est sans doute ce
» qui la rend si rare dans tous les temps et dans
» tous les degrés de l'administration finan-
» cière. »

Bon Molière ! s'il nous était encore réservé
de jouir de votre présence, ne pourriez-vous pas
répéter :

*Le cœur ! eh ! que diable allait-il faire dans
cette galère ?*

5

Si l'on voulait amplifier ce texte, on pourrait dire :

Talens sans bon cœur, c'est une œuvre imparfaite, quelquefois même à charge.

Bon cœur sans talens, c'est une qualité louable, mais peu profitable aux intérêts des autres.

M. Bricogne jouirait-il de l'un ou de l'autre de ces avantages, ou réunirait-il l'un et l'autre dans toute leur plénitude ?

Dans ce dernier cas, Diogène devrait reparaître avec sa lanterne.

Mais ne nous en flattons pas.

Il ne sera pas encore tenté de revenir.

M. Bricogne dit, page 107 :

« Le premier soin d'un nouveau ministre des » finances qui veut se donner du *large* (M. Bri- » cogne a une prédilection particulière pour ce » mot), et remplir ses caisses, doit être de retarder » la distribution des fonds, les ordonnances et » les paiemens, tandis qu'il presse les recettes.

» Il a été si bien usé de ce moyen, que main- » tenant le retard est de plus d'un mois. Les » créanciers attendent un mois de plus, et le » trésor remplit ses caisses de vingt-cinq ou » trente millions de plus.

» Avec des expédiens si profondément com- » binés, avec des mesures de crédit si équitables.

» et si loyales, peut-on jamais être embarrassé,
» et a-t-on besoin de demander tant d'argent? »

Si M. Bricogne pensait ce qu'il dit, et si ce
qu'il dit était vrai, on devrait en conclure que,
parmi les hommes déloyaux, l'homme le plus
déloyal serait incontestablement le meilleur de
tous les ministres des finances.

Dès-lors, pourquoi M. Bricogne laisserait-il
fermenter encore en lui le désir d'être ministre?

M. Bricogne, après avoir déclaré qu'il préfère les comptes par exercices aux comptes par
gestion, ajoute :

« Quant aux entraves que cette méthode (celle
» des exercices) donne aux ministres, il peut
» s'en trouver qui désirent qu'elle leur soit ôtée;
» mais ce n'est pas aux Chambres à les en déli-
» vrer. Il faudrait compter bien fort sur leur
» bonhomie » (*Bonhomie !* en parlant des
Chambres, quelle irrévérence!) « pour leur en
» faire l'insidieuse proposition, ou pour cher-
» cher à y échapper, en supprimant la balance
» des exercices sans les avertir. »

Et cependant M. Bricogne avait dit,
En parlant des comptes par exercices :

» Un inconvénient grave des exercices est
» leur *prolongation indéfinie,* qui introduit
» la complication et l'obscurité dans la compta-

5*

» bilité, le désordre dans les comptes, et le
» discrédit dans les finances. »

Et en parlant des comptes par gestion :

« Le premier mérite de la *comptabilité par*
» *gestion* est sa rapidité. Ne saisissant que des
» faits simples, des recettes et des paiemens,
» et les saisissant jour par jour, le compte est,
» en quelque sorte, toujours prêt ; il peut être
» arrêté et dressé à tout instant, relevé et fourni
» en quelques heures, au plus tard en quelques
» jours. »

Si tous ces avantages étaient réels, la Chambre
ne pourrait que remercier le ministre d'avoir
donné la préférence à une méthode qui peut
abréger et faciliter la discussion, et sur-tout satisfaire la juste impatience des Chambres, en leur
procurant les moyens de pouvoir apprécier plus
promptement les résultats qu'il leur importe de
connaître.

Le 26ᵉ. doute de M. Bricogne est conçu en
ces termes :

« Le ministre restitue-t-il aux Chambres, et
» propose-t-il d'annuler les 1,674,500 francs de
» rentes non employées, ou bien les garde-t-il à
» sa disposition ?

» *Oui* et *non* ;... selon les pages du compte
» que l'on consulte. »

Puis il ajoute :

« Il est des gens qui, dans ces déguisemens,
» verraient une malice innocente, ou non, pour
» augmenter l'aisance du trésor. Dieu me garde
» d'être aussi mal pensant! A peine me permet-
» trai-je d'y voir une inadvertance. »

Quelle modération !

Orgon aurait dit :

Le bon homme ! ou plutôt, *le pauvre homme !*

Oublierez-vous sans cesse que vous avez
déclaré que le ministre avait les mains liées?

Le 56e. doute de M. Bricogne est ainsi conçu :

« Comment faire dans le désordre de la comp-
» tabilité ? »

Puis il ajoute :

« Je ne dis pas que la comptabilité soit ac-
» tuellement en *désordre ;* sans doute tant de
» différences dans les comptes s'expliqueront
» très-facilement et très-naturellement à la sa-
» tisfaction des amateurs, et à la honte et con-
» fusion des critiques, qui prétendent que, même
» dans la comptabilité financière, *deux et deux*
» font *quatre.* »

Quel genre de plaisanterie !

Si vous pensez ce que vous dites, votre ou-
vage est à-peu-près inutile, puisque les explications dans les commissions et dans les Chambres
suffiront pour tout éclaircir.

Dans le cas contraire, votre rédaction n'est qu'une ironie insultante.

M. Bricogne, après avoir épluché les comptes du budget, ajoute :

« Enfin il existe plusieurs autres doubles em-
» plois, omissions ou erreurs, que je n'ai pas
» relevées, sans compter celles qui ont pu m'é-
» chapper. »

Puis, après avoir récapitulé en neuf paragraphes ses redressemens, il rédige ainsi le dernier :

« 10°, 11°, 12°, etc. etc. Bien d'autres consé-
» quences se présentent en foule ; je les aban-
» donne à la sagacité du lecteur. »

Ces deux etc. et ces trois numéros, indi-
catifs de nouveaux paragraphes, leur donnent
en effet assez de marge pour pouvoir nager dans
le vague de leur imagination romanesque.

Ces réticences ressemblent assez aux enseignes
pompeuses, où, après avoir épuisé l'énonciation
de toutes les qualités, on termine par etc. etc.

De telles attaques font naître les réflexions
suivantes.

Si le ministre dissimule l'espoir qu'il pourrait
concevoir d'un accroissement de recette de 5o
millions, c'est un malhonnête homme.

Le moindre des reproches qu'il mériterait
dans cette circonstance serait de dévier de cet

épanchement, de cette franchise et de cette
bonne foi, dont les Chambres sont dignes,
qu'elles sauraient apprécier, et qu'elles auraient
d'ailleurs le droit d'exiger.

Si, au contraire, le ministre ne conçoit pas cet
espoir, et si cependant, ainsi que l'assure d'une
manière positive M. Bricogne, le résultat en
est indubitable, le ministre pourrait au moins
s'attirer le reproche d'incapacité.

Dans les deux cas, il devrait cesser de mériter
la confiance de la nation, et les Chambres auraient le droit de présenter respectueusement
au Roi cette malheureuse certitude.

Tromper le Roi, les Chambres et la nation,
est un crime capital.

A qui doit-on l'imputer?

En attendant la solution de cette question,
restons persuadés qu'elle est, au fond et dans la
forme, d'une trop haute importance, pour
qu'on puisse la perdre de vue.

M. Bricogne seroit bien désappointé si le ministre, en le poursuivant judiciairement, con-
cluait à l'impression et distribution, à ses frais,
d'un grand nombre d'exemplaires du projet de
budget.

Le procès serait alors promptement et définitivement jugé.

Jusques-là la partie n'est pas égale.

Le projet de budget et tous les comptes qui y
sont joints sont trop volumineux, et présentent
un prix d'acquisition trop élevé, en supposant
même la possibilité d'en faire emplette, pour qu'ils
puissent entrer dans autant de mains qu'une brochure de 2 francs, dont on a le soin d'ailleurs
de multiplier le débit, par quelques extraits bien
combinés qui, faisant venir l'eau à la bouche,
procurent au moins l'illusion d'un rêve agréable.

Comment ne pas lire les jongleries d'un char-
latan présomptueux et faussement modeste,
qui dit :

« Je m'efforcerai de présenter ces situations,
» et d'en démontrer les conséquences avec une
» simplicité et une clarté auxquelles nos finances
» sont peu accoutumées. »

Si un seul homme nous manquait, personne
n'entendrait-il donc plus rien aux finances !

L'on pourrait alors apprécier à leur juste valeur
la mauvaise foi et la méchanceté de M. Bricogne,
et ses déclamations sur ce projet de budget,
fourmillant d'erreurs, de doubles emplois, d'o-
missions, et dont le génie des innovations et du
désordre semblerait avoir touché les chiffres et
les avoir rangés au hasard.

Le génie des innovations et du désordre!

Les titres du ministre actuel à l'estime publique sont trop nombreux pour qu'il ne craigne

pas de les compromettre en s'associant jamais avec un tel génie.

Cependant, suivant M. Bricogne, ce génie se trouverait déjà bien solidement installé au ministère, qui déjà aurait fait de rapides progrès dans « la méthode si savante et si commode d'ar- » ranger les chiffres au *doigt* et à l'*œil*. »

La France n'aurait guère à s'enorgueillir d'aussi rapides progrès.

Ses titres à l'estime de l'Europe ont heureusement des bases plus vraies et plus honorables.

Ces poursuites judiciaires pourraient, en outre, conclure à des peines encore plus graves, ne fût-ce que par suite de cette nouvelle injure insérée dans la réplique de M. Bricogne :

« Je plains les commis, *vieux et jeunes*, char- » gés de pareils travaux administratifs.

» J'admets leur excuse : *Il faut bien que nous* » *vivions et que nous conservions nos places.* »

Il est fâcheux pour ceux des lecteurs de M. Bricogne qui sont impartiaux, qu'il n'ait plus de place au trésor, et que, par suite, ses brochures contribuent quelque peu à le faire vivre.

« Mais que dire de celui qui commande, qui » paie, qui fait distribuer de pareilles rapsodies, » et qui les prend pour des chefs-d'œuvre de » talent, d'esprit, de bon goût et de raison ? »

Voilà le mot de l'énigme.

Si le ministre désire augmenter encore les 187 millions que M. Bricogne dit exister dans ses caisses, c'est sans doute pour pouvoir payer plus *largement* des rapsodies.

Des *rapsodies !* En ce genre, l'imagination de M. Bricogne est assez féconde pour suffire à tout. Il n'a donc pas besoin, pour en faire débiter, ni de *jeunes*, ni de *vieux* commis, ni d'un amas stérile de 187 millions pour les salarier, à moins qu'il n'ait le sournois projet de consacrer ces 187 millions à son propre salaire, en disant : *Charité bien ordonnée commence par soi-même.*

Aurais-je le reproche à me faire, de singer, sans le vouloir, les brillantes locutions de M. Bricogne ?

A la page 7 de sa réplique, il dit:

« Le grand vice des comptes d'*exercices* c'est,
» a dit avec solennité et gravité le ministre des
» finances, de n'avoir ni *comptables*, ni *soldes*,
» ni *caisses*, ni..... ni..... ni..... »

M. Bricogne n'en veut pas démordre.

Son impénitence semble finale.

Il dit, page 8 de sa réplique :

« Est-ce ma faute, si le ministre des finances
» s'est mépris sur tous les points ? S'il n'a pas
» voulu adopter le conseil que je me suis permis
» de lui donner le 31 décembre, à son arrivée

» au ministère , de proclamer la brillante situa-
» tion des finances , qui venait d'être constatée
» par une commission dont je faisais partie ?

» Pourquoi a-t-il refusé d'honorer et de popu-
» lariser le gouvernement, le ministère et *lui-*
» *même* , par la proposition d'une *réduction*
» *d'impôts* ?

» Devais je me taire, parce que mes proposi-
» tions avaient été dédaignées par le ministre
» des finances ? Devais-je, dans la crainte de le
» contrarier et de lui déplaire, renoncer à pu-
» blier des vérités qui pouvaient être utiles à
» mon pays et à son gouvernement ? »

On se persuaderait difficilement qu'entre son
pays et lui la prédilection de M. Bricogne ne
penchât pas de son côté.

Nous aurons au moins l'obligation à M. Bricogne d'avoir, lui-même, éclairci le doute qui
aurait pu nous rester sur les motifs de son pam-
phlet.

Le ministre a commis la faute, la *très-grande*
faute, de *dédaigner* les *propositions* de M. Bricogne.

A la page 75, M. Bricogne dit :

« J'ai été fort surpris, et un peu confus, de la
» résistance souvent victorieuse que les comptes
» et les budgets de cette année (1819) ont
» opposée aux efforts de mon intelligence fi-

» nancière, exercée par vingt années de tra-
» vaux. »

Vingt années de travaux, qui ne suffiraient pas
à la conception du projet de budget de 1819!

S'il devait en être ainsi pour tous les lecteurs
de ce budget, messieurs les députés devraient
demander, presqu'en masse, des congés. Car
il est probable que peu d'entre eux auront sa-
crifié un si long temps à l'étude des deux premières règles de l'arithmétique, seules connais-
sances indispensables, en supposant quelque
peu de capacité, à l'intelligence de tous les
budgets du monde, sous quelque forme qu'on
les présente, pourvu que leurs bases en soient
exactes et concordantes.

Suivant M. Bricogne, notre crédit public se
trouverait dans un déplorable état.

« Nous n'avons encore ni système de crédit,
» ni système de finances.

« Nous paierons chèrement et long-temps la
» pusillanimité avec laquelle le gouvernement
» proposa et fit les emprunts, et la défiance avec
» laquelle les capitalistes les accueillirent. »

Ce ne serait pas trop de défiance qu'ils pourraient avoir à se reprocher, mais bien, au contraire, trop d'aveugle confiance, d'enthousiasme
et d'abandon.

Raisonnablement, leur croyance dans la sta-

bilité des traités devait être la base de leur sécurité.

Si ces traités avaient été maintenus, les contractans qui avaient fait preuve de leurs moyens
d'élever et de soutenir les valeurs de la place,
auraient, dans leur intérêt, continué à tenir la
même marche.

Ces traités ont été rompus, et les désavantages
de cette rupture n'ont pas été commandés par
la force, seul motif qui aurait pu la pallier.

Dès-lors les contractans déliés se sont, en
calculateurs consommés, retirés en temps opportun pour eux, sans s'embarrasser pour les
autres des risques de la mêlée.

Cette rupture des traités a donc détruit les probabilités, et fait évanouir les espérances.

Qu'on ne s'étonne pas, d'après cela, de l'af-
faissement d'une irréflexion volontaire, et du
ralentissement d'une marche moutonnière.

Dans de telles circonstances, une résignation
silencieuse doit être d'autant plus appréciée,
qu'elle n'est dictée que par un sentiment de respect et de dévoûment.

Les gens sages ne frayent pas deux fois les
sentiers où les dangers ont été le prix des bonnes
intentions.

M. Bricogne, partisan autrefois du crédit,
ne veut plus aujourd'hui qu'on le dorlote.

« Il semble que depuis quelque temps le cré-
» dit public soit devenu une divinité famélique,
» qui, la bouche béante, entourée de sacrifica-
» teurs insatiables, dévore, sans acquérir plus
» d'embonpoint, et sans exaucer les vœux de
» ses adorateurs, les richesses dont ils surchar-
» gent ses autels. Pourquoi multiplier sans cesse
» nos offrandes? Qu'il se contente de la dîme de
» nos revenus ordinaires, du sacrifice de tous les
» bois, en y comprenant jusqu'à la dernière
» broussaille. Ces hécatombes lui ont été voués
» au moment du naufrage, il faut les accomplir ;
» mais qu'est-il nécessaire d'y ajouter encore? »

Et les 400 millions d'arriéré, payables à partir
de 1821, qu'en ferons-nous?

Ne méritent-ils en rien notre sollicitude?

Est-ce un paiement qu'on puisse considérer
comme consommé?

M. Bricogne n'a plus besoin d'y voir si loin.

Dans son état désespéré, il doit vivre au jour
le jour.

Faudra-t-il donc renoncer à notre ambition!

Et le hasard ! Pour arriver, rien n'est à négliger. Si l'on n'entre par une porte, l'on peut
entrer par une autre.

La prétendue trouvaille que M. Bricogne
nomme la méthode des trois questions, ferait
présumer qu'il fait aussi de rapides progrès.

En quel objet ?

Dans l'art de la mystification.

Voici à quoi se réduirait cette méthode :

Combien avez-vous reçu ?

Combien avez-vous dépensé ?

Combien vous reste-t-il ?

Tout glorieux d'une telle découverte, M. Bricogne dit aux Chambres :

« Tant que les Chambres et leurs commis-
» sions n'auront pas résumé par cette formule,
» et réduit à ces trois questions, à ce peu de
» chiffres, les calculs et les comptes avec les
» ministres des finances, elles n'y verront et n'y
» entendront rien ; elles s'égareront inévitable-
» ment toutes les fois qu'elles s'engageront dans
» le labyrinthe des comptes, sans être munies
» de ce fil conducteur. »

Quelle consolante sécurité ! quelle heureuse perspective ! la pelote de ce fil est presque une arche sainte.

Sachez donc, M. Bricogne, que les Chambres n'ont pas besoin de pédagogues d'aucun genre.

M. Bricogne ne borne pas sa bienveillance à endoctriner les Chambres ; il a la générosité de vouloir bien faire l'éducation de ses anciens collègues déjà, cependant, si habiles « dans la
» méthode, si savante et si commode, d'arran-
» ger les chiffres au *doigt* et à *l'œil.* »

En parlant d'eux, il dit, page 35 :

« Je leur conseille d'essayer de la *méthode*
» *des trois questions*, s'ils peuvent se résoudre à
» renoncer à accumuler sans ordre des états
» insignifians et incohérens (quelle intolé-
» rance !); s'ils veulent enfin sincèrement voir
» clair et faire voir clair sur la situation des
» finances. »

Il paraît que M. Bricogne a encore assez d'at-
tachement pour ses anciens camarades, pour
redouter que leur maladie ne soit considérée
comme une impénitence finale.

Si le mal était tel, ils pourraient se dire : Nous
sommes trahis par un faux-frère.

M. Bricogne ne fait grâce qu'à un très-petit
nombre d'administrations financières.

Voici une de ses exceptions.

« J'ai vu pendant huit ans le trésor ne thésau-
» risant jamais. »

Il y avait pour cela de bonnes et de puis-
santes raisons.

« Menacé chaque jour d'épuisement ; ne se
» plaindre jamais de ses besoins, jouir d'un
» haut crédit. »

Quel crédit ! sur les grandes routes, ceux qui
sont les plus forts pourraient aussi se targuer
de crédit.

« Suffire sur tous les points à d'urgentes et immenses dépenses. »

Grâce aux rétributions étrangères, achetées au prix du sang de nos braves et infortunés concitoyens; grâce aux rétributions particulières, aussi despotiques que vexatoires, pour lesquelles il n'était pas tenu d'écritures.

Quelle imprudence de donner ainsi l'éveil sur le passé !

Il y a bien des gens à qui ce souvenir ne ferait pas honneur.

Devrions - nous donc éternellement commenter le chapitre des contradictions !

« Il fallait alors quelques talens pour le diri-
» ger ainsi. »

Voilà où voulait en venir M. Bricogne.

Alors il était premier commis des finances, jouissant de la confiance du chef.

Serait - ce à ce moment qu'il fixerait l'époque que, dans son *errata*, il qualifie d'*âge d'or des finances* ?

De tels ménagemens de la part de M. Bricogne sont rares.

On pourrait dès-lors supposer que ses affections sont très-resserrées.

Les grands fonctionnaires ne semblent pas s'en être encore rendus dignes.

6

Après avoir dit qu'il conviendrait de supprimer les retenues de traitemens, il ajoute :

« Quant aux grands fonctionnaires, libre à » eux de renoncer à la moitié de leur traite- » ment, s'ils se trouvent trop payés. »

Que les grands fonctionnaires doivent se féliciter de n'avoir pas plus d'entraves dans ce genre de volonté !

Ne pourraient-ils pas s'appliquer aussi ce que M. Bricogne dit d'une manière générale, relativement à la suppression (désirable) des retenues de traitemens ?

« Si l'administration est trop coûteuse, ce » n'est pas la faute des fonctionnaires. Tant » qu'ils y sont attachés, on doit payer leurs trai- » temens en entier, parce qu'il leur est indis- » pensable pour vivre, eux et leurs familles ; » parce que des appointemens convenables sont » nécessaires pour appeler et retenir dans les » fonctions publiques des hommes probes, ca- » pables et zélés. »

Les grands fonctionnaires ne seraient-ils ni probes, ni capables, ni zélés ?

On voit bien que M. Bricogne n'est encore que maître des requêtes.

Si jamais il devenait ministre !

Alors sans doute il changerait de langage.

Sa dextérité en ce genre est bien constatée.

Il n'a de stabilité que pour elle.

Il nous l'a prouvé avec prodigalité.

M. Bricogne fustige également les régies.

Un de ses avis à celui de ses habiles confrères qui daignerait prendre pitié de ses irrésolutions et se charger de son instruction, est
ainsi conçu :

« S'étonner avec sincérité (pourquoi n'avoir
» pas souligné ce mot?) de la modération qui
» n'a retranché que vingt-six millions aux éva-
» luations de 1818 !

» Il serait bien de commander sur cet article
» aux régies, de fournir quelques notes fabri-
» quées tout exprès, en manière de preuves ; le
» démenti arriverait immanquablement *dans un*
» *an* ; mais *dans un an* le budget aurait été
» voté, perçu et dépensé. »

Il faudrait que Messieurs les régisseurs eussent (à l'instar des chambres) aussi quelque
peu de *bonhomie* pour se prêter à de telles
gentillesses.

A quoi leur aurait - il donc servi d'être si
long-temps honnêtes-gens, pour changer de conduite instantanément et comme par enchante-
ment ?

Toutefois, ne vous flattez pas, M. Bricogne,
de rencontrer encore en eux des prosélytes.

6*

Vous priez avec une fausse humilité qu'on procède à votre instruction.

N'ayez pas pour nous assez peu d'égards pour entreprendre leur éducation.

M. Bricogne ne perd pas une seule occasion de donner un coup de griffes.

S'il était un lion, je dirais comme dans la fable, qu'on les lime.

Mais restons-en certains, comme ce n'est pas un lion, il ne sera pas nécessaire d'en venir à cette extrémité.

Les Chambres même ne sont pas à l'abri des traits satiriques de M. Bricogne.

« Si les évaluations du budget de 1819 ne sont » pas rectifiées, il y aura un excédant de recettes » de cinquante millions *au moins*, qui ne devra » en conscience faire honneur ni au ministre qui » le prépare, ni aux Chambres qui l'auraient » laissé passer sans s'en douter. »

A Dieu ne plaise qu'il puisse jamais me venir dans la pensée de chercher à exciter l'indignation des Chambres contre ceux qui les offensent, convaincu que je suis, que leur perspicacité et leurs lumières leur font démêler et apercevoir ce que je ne pourrais qu'entrevoir.

Mais je n'en dois pas moins être révolté qu'il puisse venir dans la pensée que les Chambres, cette réunion aussi considérée qu'éclairée et respectable, pourraient laisser passer, *sans s'en douter*, des résultats présentés par la plus insigne mauvaise foi, et aussi préjudiciables aux intérêts de la nation qu'ils seraient répréhensibles et punissables.

Dans la seconde édition de son ouvrage, M. Bricogne a poussé l'insulte encore plus loin.

Il dit, page 26 :

« Vous tous qui siégez dans les Chambres et
» dans les Conseils ! Vous qui disposez de nos
» biens, de nos destinées, en arbitres souverains,
» et trop souvent au gré de vos erreurs et de vos
» caprices, ne fûtes-vous pas ambitieux, au
» moins un jour ? »

Qu'aurions-nous dit de plus, il y a 20 ans ?

Mon indignation est si forte que j'ai peine à me contenir.

Je préfère quitter pour quelques instans la plume.

M. Bricogne manque de générosité pour ses anciens confrères.

Il dit à la page 120 :

« On dit que dans ces derniers temps la guerre
» civile s'est établie et dure encore dans l'en-
» ceinte du trésor ; plusieurs batailles ont été
» livrées, tantôt gagnées, tantôt perdues par les
» partisans des anciennes ou des nouvelles mé-
» thodes, par les champions des *exercices*, ou

» par ceux des comptes de *gestion*. Les deux par-
» tis, tour-à-tour victorieux ou vaincus, ont été
» tour-à-tour relégués dans les vastes greniers où
» dorment les comptabilités arriérées.

» Dans ces émigrations subites et répétées,
» chaque colonie emportait ses pénates, ses armes
» et bagages, ses journaux ou bordereaux, ses
» livres en parties doubles ou simples.

» Au milieu des larmes des vaincus, des cris
» de joie des vainqueurs, dans la fuite des uns,
» dans l'empressement des autres, bien des
» pièces, bien des registres ont pu rester en
» route et s'égarer jusque chez l'épicier. Peut-
» être a-t-il fallu suppléer à la hâte à bien des
» lacunes. »

M. Bricogne, prodigue de citations, en aurait
pu puiser ici dans le lutrin.

Qui ne croirait que le trésor est au pillage;
qu'une déroute guerrière en a livré les tristes
lambeaux à l'ignorance et à l'incapacité?

« Si cette destruction avait lieu (celle des re-
» gistres s'égarant jusque chez l'épicier), il fau-
» drait redouter les progrès déjà, dit-on, fort
» avancés de la méthode si savante et si com-
» mode d'arranger les chiffres au *doigt* et à
» *l'œil*. »

L'administration des finances ne serait-elle
donc composée que de faussaires?

Quel doute rassurant !

Les Petites Maisons ont souvent donné gîte à des hôtes moins dignes de leur demeure.

Cette administration pourrait, à bon droit, se reprocher d'avoir si long-temps réchauffé dans son sein une vipère aussi dangereuse.

Elle dévoile tous les secrets de l'intérieur.

Elle narre.

Plus souvent, elle invente.

Pourquoi aussi ne l'avoir pas reprise? Pourquoi n'avoir pas accédé à ses vœux?

Cette *faute grave* ne pourrait-elle se réparer que par *résipiscence* et *capitulation* du trésor?

Dieu nous garde d'une telle réconciliation !

Espérons que, conservant sa dignité, cette recommandable administration ne sera pas encore par trop effrayée de ce mot tranchant :

Il faut l'exiger !

En 1818, dans son *errata*, M. Bricogne se déclarait le zélé partisan de la caisse de service; tous ses résultats lui semblaient convenans et avantageux.

A la page 49, il disait, en parlant de M. le comte Mollien, créateur de cette caisse :

« Au lieu d'en confier la direction et d'en
» abandonner les profits à quelques-uns d'entre
» eux (les receveurs-généraux) au moyen
» d'agences ou de comités, il en prit lui-même la

» direction, et il en réserva les profits au trésor. »

Il en réserva les profits au trésor !

Voyons ce que **M.** Bricogne dit en 1819 sur les profits dont le trésor pourrait être tenté.

« Le trésor ne doit pas chercher des profits
» et il doit craindre des pertes. Il n'a jamais rien
» gagné aux spéculations, et très-souvent il y a
» beaucoup perdu.

» Et puis on a jeté les pertes dans les *débets,*
» *les créances irrécouvrables, les frais de né-*
» *gociation,* les *pour mémoire......* »

On peut rapporter à cette révélation l'observation ironique qui se trouve au bas de la page.

« Rien de pareil, assurément, n'est maintenant
» à craindre. »

On n'en peut douter. M. Bricogne le dit.
Jamais il ne ment.

» Le plus sûr cependant est de ne pas s'y ex-
» poser. »

Voilà qui gâte tout.

Combien notre sécurité, fondée sur la *vérité*
de M. Bricogne, se trouve déçue par sa sour-
noise restriction !

« Des exemples, des souvenirs *très - anciens*
» nous apprennent qu'autrefois, quand le trésor
» spéculait, des gens bien instruits spéculaient
» en avant, en arrière ou à côté de lui. »

Dans quel pays du monde cet inconvénient n'a-t-il pas lieu?

Partout où il y aura des hommes, le désir de s'enrichir ou de s'élever sera l'un des plus puissans mobiles de leurs combinaisons.

Bien certainement, ce serait en vain que M. Bricogne se targuerait dans cette circonstance d'un désintéressement exclusif.

M. Bricogne ajoute :

« Et tandis que le trésor, toujours maladroit,
» malheureux, ou mal servi, n'éprouvait que
» des pertes, de plus habiles s'enrichissaient. »

Serait-ce pour rétablir l'équilibre, que, si souvent, par suite de son obéissance servile à des ordres supérieurs, il a pris arbitrairement et illégalement à ceux qui n'étaient pas encore ruinés, et n'a que trop rappelé l'apologue des animaux malades de la peste ?

Après une telle discussion, je vais rapporter, non sans motifs, l'observation de M. Bricogne, page 87 de son *errata*.

« Il est donc vrai, la science des finances est
» encore dans l'enfance, puisqu'on ose imprimer
» de pareilles erreurs de faits et de calculs;
» puisqu'elles sont lues, vantées et même crues
» sans examen, et qu'elles obtiennent une espèce
» de succès. »

BASES

Sur lesquélles M. Bricogne appuie sa prétendue
possibilité de réduction de 5o millions sur les
impositions.

M. Bricogne dit, à la page 4, comme résultat
de ses recherches :

« J'ai acquis la conviction consolante que,
» sans rien déranger à l'économie du budget
» (de 1819), il est facile d'accorder une réduc-
» tion immédiate de cinquante millions sur la
» contribution foncière. »

Puis il ajoute :

« Je démontrerai que cet allégement ne peut
» être ni refusé, ni différé. »

Il dit ensuite :

« Pour que cette téméraire entreprise puisse
» trouver grâce aux yeux de tous ceux qui vi-
» vent aux dépens des revenus publics, je me
» hâte de déclarer que je ne prétends proposer
» aucune réduction de dépenses. » (Mais il sup-
pose des augmentations de recettes. Pour le résultat, c'est bien l'équivalent.) « Rien en effet

» de si ordinaire, de si facile, de si inutile que
» de crier : *Il faut diminuer les dépenses de*
» CENT MILLIONS, *pour réduire les impôts d'au-*
» *tant.* »

Puis il ajoute :

« Si l'on eût voulu faire un tableau véritable
» du service *pendant l'année* 1819, on aurait
» déduit sur les 1,075 millions de dépenses,
» 200 millions au moins, qui ne pourront pas
» être payés en 1819. »

S'ils ne le sont pas en 1819, ils devront l'être
en 1820.

Cela revient toujours au même, à moins
qu'on ne les paie pas du tout, ce qui serait moins
juste, mais plus commode.

Serait-ce ainsi que M. Bricogne concevrait une
sage et bonne administration ?

« Et au lieu d'arriver à un déficit de 48 mil-
» lions 900 mille francs, on aurait reconnu un
» *excédant* de *ressources* de plus de 150 mil-
» lions.

» Mais quelle figure ferait à la tribune un
» ministre qui viendrait dire : *Mon prédécesseur*
» *m'a laissé en caisse plus de 90 millions*
» *numéraire ;* en tout, plus de 187 millions
» disponibles ou réalisables à volonté.

» On ne monte pas à la tribune pour faire
» l'éloge de son prédécesseur. »

Quel singulier éloge ! M. Bricogne sue sang
et eau dans tout son ouvrage, pour prouver qu'il
n'existe rien de plus répréhensible que cette accumulation dans les caisses du trésor.

« En pareil cas , il est bien plus opportun de
» proclamer un *déficit* d'une *cinquantaine* de
» millions. »

Quelle liaison y a-t-il entre cette accumulation de valeurs dans les caisses , et le déficit de 48 millions?

Il y aurait un milliard dans les caisses , que
le déficit de 48 millions n'en existerait pas moins :
seulement on aurait plus de moyens de le couvrir, soit par réalisation , soit par emploi comme
gage, d'une partie du milliard , jusqu'à due
concurrence.

Le ministre a dit la vérité en indiquant ce
qu'il avait en caisse , et en demandant un crédit
suffisant pour couvrir le déficit des exercices
antérieurs à 1819.

Lors même que la suite des discussions amè-
nerait quelque modification dans ces bases , en
quoi la véracité et la capacité du ministre s'en
trouveraient-elles altérées?

Les Chambres sont là pour réparer ou modifier.

Peut-être même serait-il dangereux qu'il n'y eût jamais sur aucune proposition, ni changement ni modification.

Sans doute ce ne serait pas là l'idée que concevraient les personnes bien intentionnées, dans leur désir de voir tous les pouvoirs marcher d'accord et tendre au même but.

Après tous ces détails, M. Bricogne expose les trois faces de situation des finances *au vrai* (au *vrai* suivant lui!), sur lesquelles il fonde une réduction certaine de 50 millions en 1819.

Il se garde bien d'ajouter :

Et années suivantes.

Au premier aspect, un résultat si prospère semble avoir quelque analogie avec la pierre philosophale.

Mais dès l'instant qu'on fait mouvoir, pour l'examiner de plus près, le verre de cette lanterne magique, toute l'image fantasmagorique disparaît.

Dans une de ses situations, M. Bricogne ne fait porter ses ressources que sur un ralentissement de dépense.

La dépense devrait être, en 1819, de 1,075 millions; elle ne sera, suivant lui, pendant le cours de cette année, que de 815 millions. Il y aura donc sur la masse totale des dépenses une bonification de 200 millions. Défalquant de cette bonification les 49 millions environ de déficit pour les exercices antérieurs à 1819, il lui reste un excédant en caisse d'environ 150 millions, sur lequel il gratifie les contribuables de 50 millions. Que fait-il des 100 autres millions ? C'est ce qu'il ne dit pas. Mais qu'importe, puisqu'en 1820 il faudrait non-seulement les retrouver, mais encore reprendre aux contribuables les 50 millions dont, en 1819, on leur aurait fait si bonne bouche.

Dans une seconde situation (toujours *au vrai!*) prenant pour bases ce qui a eu lieu en 1818 (comme si les résultats de chaque exercice pouvaient être soumis à un isochronisme parfait), M. Bricogne fonde son excédant sur la balance qu'il établit entre l'actif de 1819 réduit à un retardement proportionnel à celui de 1818, et le passif de 1819 réduit à un retardement proportionnel à celui de 1818. D'où résulte, non plus comme dans la première situation (cependant *au vrai!*), un excédant de 150 millions, mais seulement un excédant de 100 millions. (c'est encore bien honnête !)

Ici, il gratifie les contribuables de 50 millions.

Et il a la générosité d'augmenter les caisses du trésor (dont l'accumulation serait pourtant, suivant lui, déjà scandaleuse) d'une somme de 50 millions, pour y entretenir l'aisance nécessaire aux mouvemens du service.

Enfin, dans une troisième situation (également *au vrai!*), M. Bricogne n'a plus aucun égard au retardement possible des recettes et des dépenses pendant le cours de l'année 1819. Il néglige totalement l'influence de ces retardemens. Et il fonde sa réduction sur de nouvelles bases encore plus hypothétiques.

Il pense qu'en 1819 les recettes indirectes excéderont de 26 millions les évaluations du ministre.

Ce ministre est un menteur, dont les comptes sont pleins d'erreurs, de doubles emplois, d'omissions, d'atténuations, de réticences, et cependant, malgré ces motifs de doute sur sa capacité et sur ses intentions, les Chambres auront en lui, suivant M. Bricogne, assez de confiance pour attendre, en 1819, de son administration, déjà si avancée dans la méthode si savante et si commode d'arranger les chiffres au *doigt* et à l'*œil*, au moins 24 millions de plus qu'en 1818. Or, en ajoutant aux 26 millions d'impositions indirectés qui, en 1819, devront excéder les évaluations du ministre, les 24 millions que les Chambres doivent attendre de l'administration de ce ministre faux et prévaricateur,

nous avons un total de 5o millions, dont l'actif
du projet de budget de 1819 excédera le passif;
et c'est cet excédant d'actif de 5o millions que
M. Bricogne veut bien consacrer aux contribuables.

Ici, comme dans l'apologue du Renard et de la
Cigogne, les deux parties seraient déçues : les contribuables dans leur confiance ; M. Bricogne
dans sa combinaison.

Si M. Bricogne est aussi bienveillant pour
les contribuables qu'il l'est pour le ministre, ce
qui pourrait nous sembler d'autant moins impossible qu'il a fait preuve d'un talent consommé
dans l'art des contradictions, n'augmenterions-
nous pas ses titres à la reconnnaissance publique,
en présumant qu'intérieurement, riant sous cape,
et se livrant à sa prédilection pour les réflexions
ironiques, il se sera dit, en tissant son réseau,

Le bon billet qu'a la Châtre !

Il y aurait un moyen encore plus efficace de
donner au plan de M. Bricogne une plus
grande latitude.

Ce serait de retarder indéfiniment les paiemens, et de presser avec acharnement les rentrées.

On pourrait alors supprimer en totalité les
impositions.

Les uns n'auraient plus rien à payer, mais aussi les autres n'auraient plus rien à recevoir.

Et comment marcherait le gouvernement ?

Qu'importe! Cela vaut-il la peine qu'on s'en occupe !

L'étourdissement que m'occasionne le baume de M. Bricogne, me fait appréhender que la manie des doutes ne fasse aussi chez moi quelques progrès.

Incertain si je veille, je me demande :

Après un apprentissage si long, si agité et si pénible, serions-nous, grâce à la magie de M. Bricogne, destinés, pour prix de nos souffrances, à nous voir transformés en Cassandres?

Aux assertions de M. Bricogne le ministre pourrait répondre :

Vos bases de réduction ne reposent que sur des hypothèses.

J'ai établi mon évaluation des recettes indirectes sur l'ensemble des renseignemens que j'ai obtenus de tous les points de la France, et que j'ai pu comparer.

Comment admettre qu'un même impôt indirect puisse, pendant plusieurs années successives, produire des rentrées parfaitement égales ?

La quotité des rentrées de chacun des impôts indirects dépend de tant de causes particulières

7

d'influence, qu'on ne pourrait présenter à l'a-
vance des résultats absolument fixes.

Il serait possible que je me trompasse dans
mon évaluation, comme il serait possible que
vous fussiez de vôtre côté dans l'erreur.

Dans cette divergence d'opinions, l'ordre des
probabilités doit, au surplus, être plutôt pour
moi que pour vous, parce que j'ai plus de données exactes que vous ne pouvez en avoir, et
que votre espoir ne peut se baser que sur des
probabilités plus ou moins vagues.

Mais en supposant que le temps réalise la
chance de votre espoir, jusqu'à la réalisation
il serait au moins imprudent, surtout dans l'état
de doute, de fonder une réduction matérielle
sur une espérance d'une réalisation éventuelle.

Et enfin, en supposant même qu'on ne soit
arrêté par aucune de ces considérations, qu'en-
tendriez-vous faire pour les années suivantes ?

Une réduction durable d'impositions ne peut
se baser que sur l'encaissement d'un capital qui
donne un revenu équivalant à la réduction, ou
sur une rentrée, annuelle et assurée, égale à
cette réduction.

Or, dans votre plan, le premier de ces moyens
manque, et le second n'existe pas.

En effet, voudriez-vous le remplacer par l'espoir que chaque année, sans aucune exception,

il existera dans les contributions directes une augmentation de recette de 26 millions, et que, chaque année, sans exception, le ministre des finances d'alors, quel qu'il soit, pourra, dans son exécution d'administration, obtenir une amélioration qui excédera de 24 millions celle que l'examen approfondi de l'ensemble des ressources lui aura fait juger et annoncer comme l'évaluation la plus probable?

Mais si, une année seulement, ces deux bases de réduction manquent, ne faudra-t-il pas recharger les impositions, non-seulement d'une somme égale à celle dont vous les auriez diminuées, mais en outre d'une somme équivalente à ses intérêts?

Enfin, si vous vous trompiez dans votre espoir, le mal de l'année prochaine ne serait-il pas doublé, puisqu'il faudrait d'abord ramener les impositions au point où elles étaient avant votre réduction, puis en outre y ajouter une nouvelle surtaxe d'impositions égale à la somme dont vous auriez cette année-ci fait profiter les contribuables?

Ainsi, après avoir déchargé en 1819 les impositions de 50 millions, il faudrait les augmenter en 1820 de 100 millions au moins.

Serait-il donc raisonnable de risquer, sur

7*

un simple ordre de probabilités, controversé, double contre simple?

Qui oserait prendre sur lui une telle responsabilité?

Les Chambres même le pourraient-elles, lorsque leur sagesse les porte à ne baser leurs décisions que sur des données positives, et non sur des éventualités plus ou moins problématiques?

Voilà ce que pourrait raisonnablement observer le ministre.

M. Bricogne élude complètement ces objections, et il croit se mettre à l'abri de toute controverse, en se bornant seulement à cette observation superficielle:

« Cette réduction ne pourrait pas se renou-
» veler tous les ans par le même moyen;
» mais elle est assurée, à partir de 1820; l'anti-
» ciper d'une année sera un grand avantage; il
» faut l'exiger dès 1819, pour empêcher que
» les promesses ne soient ajournées d'année en
» année. »

Il faut l'exiger !

C'est là la mesure favorite de M. Bricogne.

L'indépendance des pouvoirs serait-elle donc déjà anéantie?

Il faut l'exiger !

Quelle insulte pour les Chambres, de les transformer ainsi en despotes !

Despote, pour despote, qui ne préférerait le despotisme d'un seul au despotisme de tous ?

Vingt-huit années d'essais ne seraient-elles donc pas encore une leçon suffisante ?

Ce qu'il y a de remaquable dans cet alinéa, c'est cette phrase :

« Cette réduction ne pourrait pas se renou-
» veler tous les ans par le même moyen ; mais
» elle est assurée à partir de 1820. »

Elle est assurée à partir de 1820 !

De quelle manière ?

C'est là ce qu'il nous importerait le plus de connaître, et c'est précisément ce dont vous ne dites pas un seul mot.

Elle est assurée à partir de 1820 !

En le supposant, ne serait-il pas plus prudent, plus convenant même aux intérêts des contribuables, de patienter encore une douzaine de mois, plutôt que de s'embarquer dans l'exécution d'un résultat au moins incertain, et qui, en supposant qu'il ne réponde pas à votre espoir, peut avoir le grave inconvénient de forcer à revenir, en marche rétrograde, sur des mesures d'amélioration, et de doubler les embarras ?

Mais cette croyance que la réduction de 50 millions « est assurée à partir de 1820 », n'existe même pas en vous. Si les moyens sur

lesquels elle reposerait étaient en votre pensée, vous n'eussiez pas manqué de les détailler, car c'est bien sur un tel point qu'on est inexcusable de s'arrêter à des omissions, à des réticences. En de telles matières, on ne saurait être trop verbeux, dût-on se répéter jusqu'à satiété. Les personnes qui en éprouvent des soulagemens ne sauraient jamais s'en plaindre.

Vous avez employé au moins la moitié de votre ouvrage, composé de cent vingt - huit pages, dont sept seulement développent vos prétendues bases d'une réduction de 5o millions, à retourner sur toutes les faces, tantôt avec des phrases à prétention, tantôt avec de présomptueux élans de dédain, des sarcasmes, des calomnies, des injures et des insultes contre le ministre actuel. Pourquoi (et nous vous en aurions su infiniment plus de gré) n'en avoir pas seulement consacré quelques - unes à nous donner pleine sécurité, à nous *esprits simples*?

Nous commençons aussi, vous le voyez, à faire des progrès.

Nous profitons de vos exemples.

Notre présomption s'agrandit.

Nous osons nous élever jusqu'à vous.

N'avez-vous pas dit, pag. 78 :

« J'avais cru à une réduction de quatre mil-
» lions, beaucoup d'autres moins confians s'en

» seraient réjouis. Ce n'est pas bien d'induire
» les simples à erreur. »

Ce qu'il y a encore de remarquable, c'est que
M. Bricogne, après avoir presque affirmé comme
une vérité démontrée, qu'en 1819 l'allègement
de 50 millions ne pourrait être refusé ni différé,
dit à la page 42, qu'en faisant en 1819 une réduction d'impositions de 50 millions, il y aurait
dans cet exercice un déficit de pareille somme.

Puis il ajoute :

« Ce déficit n'aura rien d'inquiétant. *La len-*
» *teur des dépenses et la rapidité des recettes*
» le couvriront pendant l'année 1819; il existera
» même constamment en caisse, sur ce seul
» *exercice*, un excédant de recettes qui s'élevera
» jusqu'à cinquante ou soixante millions, sans
» compter les encaisses des exercices précédens.
» Il serait donc temps, en 1820, de pourvoir à
» ce *déficit*; mais pour donner dès-à-présent
» toute garantie aux créanciers de l'État, il suffira
» de stipuler que ces cinquante millions seront
» prélevés sur les premières recettes de l'exer-
» cice 1820. »

Il semblerait que M. Bricogne n'ait pu se défendre à ce sujet d'un restant de remords de
conscience, car, dans sa réplique à ses critiques,
il dit :

« Dût-on, dans deux ans, reporter les contri-

» butions au taux actuel, il y aurait eu un véri-
» table soulagement de 100 millions à les avoir
» réduites en 1819 et 1820; mais il sera facile de
» pourvoir à ce remboursement sans augmenta-
» tion d'impôts, et nous n'avons pas à nous en in-
» quiéter deux ans à l'avance. »

Nage toujours, mais ne t'y fie pas !

M. Bricogne semblerait s'être familiarisé avec ces dictons :

Chaque jour amène son pain.

Qui vivra verra.

Alors comme alors.

Quant à l'avenir, il n'en prend guère de souci.

On voit par toutes ces citations, que les cal-culs et les bases de M. Bricogne se plient sous sa plume à toutes ses convenances et à tous ses caprices.

Dans l'une de ses situations des finances (*au vrai* !), son excédant d'actif est de 100 millions.

Dans une seconde situation des finances (égale-ment *au vrai !*) son excédant d'actif s'élève à 150 millions.

Enfin, dans une troisième situation des finances (encore *au vrai !*) il ajoute 50 millions à ces premiers excédans.

Comme tous ces résultats, qui ne sont déduits que d'hypothèses, diffèrent entre eux, les personnes qui se complaisent dans les illusions peuvent, sans grands inconvéniens pour elles, donner la préférence à celui qui a le plus d'ampleur. Il ne leur en coûtera rien de plus. Lorsqu'on rêve, il faut au moins se placer dans les régions les plus élevées.

Et c'est d'après des bases aussi peu solides, aussi peu durables, que M. Bricogne dit, page 13, en parlant des trois natures de résultats dont il déduit la réduction d'impositions de 50 millions :

« Toutes se réunissent pour détruire tout pré» texte de retard, pour démontrer que tout
» délai, tout refus, seraient injustes, odieux,
» impossibles. »

L'odieux ! l'impossibilité !

De quel côté doit-on les ranger ?

Si vous étiez moins partial, moins passionné ; moins irascible, moins vindicatif, et si vous aviez plus de fixité dans vos opinions, je vous en ferais juge, M. Bricogne.

Pourquoi aussi agiter vos aîles pour vous élever dans le vide, et perdre ainsi votre temps, épuiser vos forces, et compromettre votre réputation !

MOYENS

d'ÉLEVER, EN 1819, JUSQU'À 40 MILLIONS
LA RÉDUCTION DES IMPOSITIONS.

J'écris ce chapitre avec tant de conviction que ses bases en sont exécutables, que, s'il était nécessaire, je me rendrais garant de la possibilité de leur exécution.

Seront-elles exécutées cette année ?

Je n'en ai pas le pressentiment.

Si je n'écoutais donc que mon amour-propre, je garderais le silence.

Mais, quelque faible que soit le nombre des chances sur lesquelles je puis compter, je n'en dois pas moins obéir à mon devoir.

Une réduction d'impositions ne peut être basée que sur un excédant annuel et durable de l'actif sur le passif.

Tout autre moyen ne serait qu'intercalaire, et entraînerait successivement des maux qui dépasseraient le bien qui les aurait précédés.

Politiquement, cette marche aurait d'ailleurs des inconvéniens graves.

L'un de ces inconvéniens serait l'incertitude dans la stabilité de toutes les dispositions d'emploi que pourraient projeter les propriétaires et les capitalistes.

Les combinaisons du commerce et de l'industrie sont rarement passagères. Dans presque toutes, le temps est un de leurs élémens. L'incertitude est le mordant qui les neutralise le plus promptement et le plus efficacement.

Sans commerce, sans industrie, pas de richesse nationale, et, par suite, peu d'aisance dans les besoins du gouvernement.

Tous ces résultats se lient tellement entre eux, qu'ils se concentrent en un seul.

Favorisons donc, ou plutôt n'entravons pas le commerce et l'industrie, si nous voulons que nos besoins soient satisfaits.

Pour y parvenir, l'un des moyens les plus efficaces est la réduction des impositions, basée sur des dispositions tellement solides, qu'elles ne puissent laisser craindre aucune marche rétrograde.

Ce bienfait sera le dernier fleuron de la couronne de notre monarque chéri. Qu'il jouisse dans l'avenir des résultats de notre prospérité. Elle nous sera encore plus chère, si c'est à lui que nous en sommes redevables.

Que nos respectables députés partagent cette

satisfaction. Pour des âmes aussi pures, ce sera la plus douce récompense de leur désintéressement, de leurs sacrifices à l'intérêt de tous, et de leur dévoûment. Que dans l'histoire ils soient bénis comme des coopérateurs au salut et à la prospérité de la France.

L'expérience a bien prouvé que, dans tous les temps, l'intérêt personnel a été l'un des principaux mobiles des actions et des pensées de la plupart des hommes. Se flatter du contraire pour l'avenir, serait un rêve d'autant plus dangereux, que les pas rétrogrades de ses résultats auraient le double inconvénient de retarder l'époque si désirée d'une prospérité réelle, et de multiplier les chances de l'incertitude du succès.

Soulageons donc, le plus promptement possible, les contribuables.

C'est notre devoir.

Tout retard au moment de la possibilité d'exécution serait infructueux et dangereux.

Mais pour parvenir à ces soulagemens, n'employons que des moyens efficaces. Ne donnons pas aux contribuables, comme le fait M. Bricogne, de faux espoirs.

Le mal d'une illusion déçue est souvent pire que le mal réel. Il rend irritant le baume mis sur la blessure. Presque toujours la souffrance

se supporte avec moins de découragement que
la reprise de la souffrance.

La surcharge des impositions a déjà produit
de trop grands maux , pour qu'on ne doive pas
craindre de les voir s'accroître.

Elle a occasionné en grande partie le surhaus-
sement des denrées, et par suite une diminution
proportionnelle dans la fortune publique.

Ce résultat est déjà tellement sensible, qu'il
ne pourra se réparer que par une importation
de numéraire résultante de l'excédant, à notre
avantage , de la balance de notre commerce
extérieur.

Plus on tardera à arrêter cette dangereuse influence , et plus les progrès du mal seront irré-
parables.

Dans notre position, et probablement pendant
quelques années encore , l'emploi d'un capital
réalisable , étranger aux recettes ordinaires , et
suffisant pour représenter un revenu égal à la
réduction qu'on projetera , sera le seul moyen
possible et raisonnable de procurer une diminution d'impôts.

C'est pour cela que je m'y étais arrêté dans
mes deux ouvrages sur les finances de la France
en 1818 et années suivantes.

Dans le dernier j'avais prouvé que , si les dépenses de 1819 n'excédaient pas celles de 1818,

la réduction des contributions pourrait, en 1819, s'élever jusqu'à 40 millions.

Le renouvellement du matériel de l'armée, le complément des cadres des légions, et la reconstruction des routes, forment, comparativement aux dépenses de 1818, une augmentation de dépense qui, en 1819, absorbe cette réduction de 40 millions.

Et néanmoins je pense que, sans déranger aucun de ces projets d'amélioration, aucune de ces dépenses indispensables, mais imprévues, on peut encore élever, dès 1819, jusqu'à 40 millions, la réduction des impositions.

Ce n'est pas, au surplus, par amour-propre que je tiens à ce plan. Depuis long-temps l'illusion de ce mobile n'a plus d'influence sur moi.

Je n'y tiens que par le sentiment intime qu'il est le moyen le plus efficace de subvenir assez promptement à un soulagement commandé par la justice, la raison, et une politique sage et bien entendue, et de soulager enfin les contribuables, aussi lésés qu'ils sont persévérans, patiens, résignés et courageux.

Aucun éloge ne peut être plus sincère et plus mérité.

Ce sentiment de conviction rendra ma ténacité imperturbable.

Je ne craindrai dans aucune circonstance

d'élever ma voix pour défendre cette honorable cause.

La réduction de 40 millions en 1819 dépendra principalement d'une explication importante, sur laquelle les Chambres ont seules le droit de prononcer.

J'en vais présenter les élémens.

La loi du 25 mars 1817 porte :

143. « Tous les bois de l'État sont affectés à » la caisse d'amortissement, à l'exception de la » quantité nécessaire pour former un revenu net » de quatre millions de rentes, dont il sera » disposé par le Roi, pour la dotation des éta-» blissemens ecclésiastiques.

145. » La caisse d'amortissement ne pourra » aliéner les bois affectés à la dotation, qu'en » vertu d'une loi. Elle est seulement autorisée » à mettre en vente, à partir de 1818, jusqu'à » concurrence de cent cinquante mille hectares » de bois » (qui au cours des ventes forment un capital d'environ cent millions) « en se confor-» mant aux formalités établies pour la vente des » propriétés publiques. »

Il paraît que la caisse d'amortissement a réparti, en huit années, cette vente de 150 mille hectares, ce qui produirait par année une rentrée d'environ 12,500,000 fr.

Le produit de ces ventes doit-il entrer dans

la composition des 40 millions de sa dotation, ou doit-il y être ajouté, et l'augmenter d'autant?

La loi ne s'explique pas positivement à ce sujet.

C'est cependant de la solution absolue de cette question que dépend la possibilité d'une réduction actuelle des impositions.

Si cette solution est affirmative pour la première proposition, la réduction pourra avoir lieu dès 1819.

Si cette solution est affirmative pour la seconde proposition, on se verra forcé d'ajourner toute réduction, et de ne s'en occuper utilement que dans plusieurs années.

Ces décisions dépendent elles-mêmes de cette première question.

Est-il juste, est-il convenant, d'abréger les délais de la réduction d'impositions? La prospérité nationale ne l'exige-t-elle pas d'ailleurs impérieusement?

J'aime à penser qu'à ce sujet il ne peut y avoir qu'une voix.

La diminution de 40 millions, que j'indiquais pour 1819, comprenait celle de 14,380,627 fr. qui avait eu lieu dès 1818.

La nouvelle réduction à faire en 1819 se trouvait donc réduite à 25,600,000 fr. environ.

Pour arriver à cette réduction, je partais de

la base que les 12,500,000 f. des ventes annuelles
des forêts , devaient faire partie des 40 millions
de dotation de la caisse d'amortissement, et ne
devaient pas y être ajoutés, comme supplément;
ou, en d'autres termes, qu'en supposant seulement 100 millions de ventes en huit années, la
dotation annuelle de la caisse d'amortissement
devait être de 40 millions, et non pas de
52,500,000 f.

. J'avais prouvé que, même en se bornant à
cette dotation annuelle de 40 millions, il
serait indispensable de faire, en peu d'années,
une forte extinction des rentes rachetées,
parce que, autrement, les fonds disponibles de
l'amortissement approcheraient du montant des
paiemens à faire pour l'arriéré, ce qui serait contraire à tous les principes admis jusqu'ici sur
l'amortissement par les nations de l'Europe qui
peuvent en ce genre être citées comme des modèles excellens à suivre.

Déduisant donc, d'après ma manière de voir,
des 25,500,00 f. qui formaient en 1819 ma nouvelle réduction d'impositions, les 12,500,000 f.
qui provenaient des ventes de bois, il ne me restait
plus à trouver qu'une somme d'environ 13
millions.

Elle existait dans la différence entre les recettes et les dépenses de 1818, dont quelques-

unes se trouvaient modifiées en 1819 par leur mode d'acquittement.

En 1818, la subvention de guerre s'acquittait en capital.

En 1819, ce paiement se trouve transformé en intérêts.

Ainsi, pour arriver en 1819 à une réduction de 40 millions d'impositions, je n'ai que deux questions à envisager.

Les 12,500,000 f. que procurera annuellement la vente, en huit années, des 100 millions de forêts, seront-ils ajoutés à la dotation annuelle de 40 millions, fixée par la loi du 25 mars 1817 ? ou soulageront-ils d'autant les affectations que cette loi a consacrées à cette dotation annuelle de 40 millions ?

Dans la balance de l'actif et du passif du projet de budget de 1819, et dans les modifications qu'y pourront apporter les Chambres, trouvera-t-on une somme de 15 millions nécessaire, en supposant la solution affirmative de la première question, pour élever, dès 1819, à 40 millions la réduction des impositions ?

La première de ces questions me semble, par sa haute importance, et par l'étendue de ses conséquences, mériter de fixer toute l'attention des Chambres, et même l'application du droit que leur confère la Charte, de provoquer respectueusement par supplication les projets de lois qu'elles jugent pouvoir être utiles.

Quant à la seconde, je me permettrai cette réflexion :

Je ne dis pas, il est certain ;

Je ne dis pas même il est désirable ;

Je dis seulement, il est maintenant présumable que les discussions sur le projet de budget de 1819 procureront une diminution dans les dépenses, d'environ 13 millions.

Déjà la commission centrale de la Chambre des députés propose de porter cette réduction à 14,374,000 fr.

Si cette réduction a lieu, il ne restera plus, pour élever, dès 1819, la réduction d'impositions à 40 millions, qu'à se prononcer affirmativement sur la première question.

Si elle n'a pas lieu, il y aurait encore d'autres moyens moins directs de se procurer ces 13 millions.

Il existe dans les caisses du trésor 5,180,000 fr. de rentes ou autres valeurs disponibles.

Sur les 69 millions formant le capital de ces valeurs, le ministre demande à être autorisé à employer, comme gage de son emprunt de 49 millions, une somme équivalente à cet emprunt.

Il lui resterait donc, après cette disposition, environ 20 millions.

Pourquoi ne l'autoriserait-on pas à se procurer, avec partie de ce reliquat, une addition d'emprunt de 13 millions ?

On ne pourrait m'objecter que la commission centrale a rejeté le mode d'emploi comme gage, et y a substitué le mode de vente.

Car, dans la volonté d'obtenir ces 13 millions, on se les procurerait, soit par vente, soit par emprunt, suivant qu'il en serait décidé par les Chambres.

Des objections plus fondées seraient que ces valeurs tiennent en partie à l'exercice de 1818, et qu'elles servent déjà de gage aux effets de circulation composant la dette flottante.

En l'admettant, je répondrais :

Puisqu'on pense pouvoir, sans inconvénient, fonder sur ce gage un emprunt de 49 millions, il n'est pas invraisemblable qu'on pourrait, sans plus d'inconvénient, élever de 13 millions cet emploi du gage.

Resterait cette dernière objection, qui serait la plus fondée, que les 13 millions appliqués en 1819 à la réduction des impositions, ne provenant pas d'un capital suffisant pour équilibrer, par son revenu, le maintien de cette réduction, il faudrait y pourvoir en 1820.

Je répondrais :

Il faut espérer qu'en 1820 nous n'aurons plus

à renouveler le matériel de notre armée, ou
qu'au moins nous n'aurons plus à en renouveler
qu'une partie ; que les cadres de nos légions seront, sinon en totalité, du moins en partie
remplis ; que déjà une partie au moins de nos
routes sera reconstruite ; et que dès-lors nos dépenses qui, en 1819, forment un excédant de
près de 44 millions, nous donneront, en 1820,
par leur diminution, une grande marge pour y
puiser les 13 millions qui seront nécessaires à
cette époque pour maintenir à 40 millions la
réduction des impositions (a).

A défaut d'autres moyens, on pourrait enfin

(a) Cet excédant de dépenses, d'environ 44 millions,
se compose ainsi qu'il suit :

Ministères :
— Des relations étrangères . . . . . . 350,000 fr.
— De la guerre. 31,600,000
— De l'intérieur. 7,783,200
— De la marine. 2,000,000
— Des finances, y compris les bâti-
mens de Rivoli. 2,000,000

Total. 43,733,200

A ôter, bonification présentée par le
ministère de la justice. 140,000

Reste pour excédant de dépenses . 43,593,200

prendre un million de rente sur les 5,070,625 fr.
restant du crédit de 24 millions de rentes, ouvert
par la loi du 6 mai 1817 pour solder la contribution de guerre stipulée dans le traité du 20
novembre.

On n'annulerait que 4,070,625 fr. de ces rentes,
et on mettrait le million restant à la disposition
du ministre des finances, pour se procurer, soit
par emprunt, soit par vente, les 15 millions
nécessaires, pour élever, en 1819, à 40 millions
la réduction des impositions.

Cette disposition, qui aurait un résultat si prospère pour les contribuables, n'accroîtrait pas les
charges sur lesquelles l'État avait compté en
ouvrant ce crédit.

L'État se trouverait encore soulagé de 4 millions de rentes, et les contribuables le seraient
particulièrement, dès 1819, de 40 millions.

Peut-être même serait-il avantageux, au lieu
d'annuler ces 4,070,625 fr., de les appliquer
aux déficits de la dette flottante, qui s'élèvent à
100 millions au moins, et que tôt ou tard il
faudra acquitter par des débours réels.

Cette mesure nous mettrait, dès cette année,
à-peu-près au pair.

Nous ne serions plus débiteurs que du grand-
livre, et, avant dix ans, tout ce dont nous
l'aurions surchargé serait amorti.

Nos charges annuelles ne s'en trouveraient
que faiblement augmentées, puisque nous paie-
rions en rentes à 7 pour cent, ce que nous devrions payer en escomptes de circulation à 5
pour cent environ.

Malgré ma confiance dans les avantages de
cette disposition, je ne me permettrais pas d'en
émettre la pensée s'il était question d'ouvrir
un nouveau crédit en rentes.

Le grand-livre doit être définitivement fermé.

C'est là la sécurité de tous les rentiers.

Mais le crédit est ouvert.

En l'ouvrant on a dû compter sur la possibilité
de son emploi.

Des circonstances heureuses ont produit dans
cet emploi une amélioration.

Profitons-en pour en obtenir une seconde,
d'autant plus importante, que nous n'aurions
plus à nous ingénier pour des renouvellemens
que des circonstances accablantes pourraient
rendre difficiles et chanceux (a).

Je n'entre au surplus dans tous ces détails

(a) La Chambre des Députés vient de prononcer l'an-
nulation.

Nous n'aurons pas probablement à regretter l'annihi-
lation de cette ressource.

Il faut au moins le désirer bien vivement.

que pour n'avoir pas le reproche à me faire
d'avoir négligé aucun des moyens qui peuvent
faciliter une réduction si vivement et si juste-
ment sollicitée et attendue.

Car, probablement, dans la position où se présente pour l'instant la controverse sur le budget,
les réductions sur ses dépenses approcheront des
14,374,000 fr. auxquels conclut la commission
centrale.

Je ne me permettrai plus à ce sujet qu'une
seule observation.

Je ne suis qu'un simple particulier; mais pour
les deux pouvoirs rien n'est à négliger, quelle
qu'en soit la source.

Je le dirai donc avec la réserve qui convient à
ma position, mais avec la conviction la plus intime:

De tous les objets dont il serait possible de
s'occuper, la réduction des impositions est un
des plus importans, des plus urgens.

Dans la position où l'on se trouve placé, une
réduction d'impositions acquiert, heureusement,
quelque probabilité.

Si elle doit avoir lieu, le choix de son mode
mérite, par ses conséquences, la plus sérieuse
attention.

La rédaction et la publication de cet écrit,
l'ont eu principalement pour objet.

Dans l'attente du résultat, je dirai aux con-
buables :

Ayez confiance au Roi ; aux membres du gouvernement ; à cette respectable chambre des
Pairs, qui a été et sera toujours la principale
sauve-garde de vos droits et de vos intérêts ;
enfin, à ces dignes et loyaux députés, qui mé-
ritent la confiance que vous avez en eux, et
qui attachent du prix à l'expression de votre
estime et de votre reconnaissance.

Ils ont su, dans des momens critiques, sur-
monter de grandes difficultés ; comment, aujourd'hui qu'il s'agit de votre bonheur et de
votre prospérité, pourraient-ils être arrêtés et
paralysés par de légers obstacles de forme, qui
ne touchent en rien à la charte ?

Espérez donc avec confiance : votre espoir ne
sera pas déçu ; et si j'ai pu énoncer le sentiment
du doute, j'aime à penser que, sans m'en rendre raison, c'était dans le but de rehausser
davantage à vos yeux le prix de vos obligations
envers ceux qui, par devoir, doivent être vos
protecteurs et vos *pères.*

ARMAND SEGUIN.

www.ingramcontent.com/pod-product-compliance
Lightning Source LLC
Chambersburg PA
CBHW071147200326
41519CB00018B/5146